全国中等职业技术学校汽车类专业教材

汽车发动机构造与维修课
教学参考书

与《汽车发动机构造与维修（第二版）》配套使用

中国劳动社会保障出版社

图书在版编目(CIP)数据

汽车发动机构造与维修课教学参考书/人力资源和社会保障部教材办公室组织编写. —北京：中国劳动社会保障出版社，2016
ISBN 978-7-5167-2581-8

Ⅰ.①汽… Ⅱ.①人… Ⅲ.①汽车-发动机-构造-中等专业学校-教学参考资料②汽车-发动机-车辆修理-中等专业学校-教学参考资料 Ⅳ.①U472.43

中国版本图书馆 CIP 数据核字(2016)第 164551 号

中国劳动社会保障出版社出版发行

（北京市惠新东街1号 邮政编码：100029）

*

北京金明盛印刷有限公司印刷装订 新华书店经销

850 毫米×1168 毫米 32 开本 7.25 印张 178 千字

2016 年7月第1版 2016 年7月第1次印刷

定价：15.00 元

读者服务部电话：（010）64929211/64921644/84626437

营销部电话：（010）64961894

出版社网址：http://www.class.com.cn

http://zyjy.class.com.cn

目　　录

单元一　总　论

一、教学目标

1. 掌握发动机的一般构造、常用术语，熟悉其工作原理。

2. 了解发动机故障诊断的基本方法，了解发动机大修的工艺流程。

3. 掌握与发动机维修有关的安全知识。

4. 了解国内外汽车发动机的发展趋势。

5. 掌握各种汽车发动机维修常用工具、设备的使用方法及注意事项。

二、学时分配

教学内容		总学时	理论学时	实习学时
课题1	发动机总体构造	4	2	2
课题2	发动机检测与维修基础知识	8	2	6

三、补充教学资料

1. 爆燃与表面点火现象

(1) 爆燃

爆燃是由于气缸内可燃混合气压力和温度过高，燃烧室内远离点燃中心的某处在火焰前锋传到之前发生自燃而造成的一种异常燃烧现象。发生爆燃时火焰以极高的速度向外传播，形成很强的冲击波，撞击燃烧室内壁和活塞顶面，发出尖锐的金属敲击声和振动。爆燃同时会引起汽车发动机过热、功率下降、油耗增加，严重时可能会造成活塞开裂、轴瓦破裂、火花塞绝缘体击穿等机件损坏现象。

（2）表面点火

表面点火与爆燃不同，表面点火是另外一种不正常的燃烧现象，分为早燃和后燃两类。

早燃是在火花塞正常点火之前，燃烧室内壁炽热表面（如排气门头、火花塞电极、积炭处等）提前点火引起的一种异常燃烧现象。表面点火发生时也伴有强烈的敲击声（较沉闷），产生的压力波会加大汽车发动机机件负荷，降低发动机使用寿命。

后燃是指点火和喷油不同步，点火提前、喷油滞后称为后燃。后燃的出现一般有两种原因：一是正时带跳齿；二是汽油压力不够，造成喷油脉宽过高所致。

2. 汽车发动机的主要性能指标

汽车发动机的主要性能指标有动力性指标（有效转矩、有效功率、转速等）和经济性指标（燃油消耗率）。

（1）有效转矩

汽车发动机通过飞轮对外输出的转矩称为有效转矩，以 T_e 表示，单位为 N·m。有效转矩与外界施加于汽车发动机曲轴上的阻力矩平衡。

（2）有效功率

汽车发动机通过飞轮对外输出的功率称为汽车发动机的有效功率，用 P_e 表示，单位为 kW。它等于有效转矩与曲轴角速度的乘积。汽车发动机的有效功率可以用台架试验方法测定，通过测功器测定有效转矩和曲轴转速，然后用式（1—1）计算出汽车发动机有效功率：

$$P_e = T_e \times 2\pi n \times 10^{-3}/60 = T_e n/9\,550 \qquad (1\text{—}1)$$

式中 T_e——有效转矩，N·m；

n——曲轴转速，r/min。

汽车发动机铭牌上标明的功率及相应转速称为额定功率和额定转速。

（3）燃油消耗率

汽车发动机每发出 1 kW 有效功率，在 1 h 内所消耗的燃油质量（单位为 g），称为燃油消耗率，用 g_e 表示，单位为g/（kW·h）。

燃油消耗率按式（1—2）计算：

$$g_e = 10^3 G_f / P_e \tag{1—2}$$

式中 G_f——汽车发动机每单位时间的耗油量，kg/h，可由试验测定；

P_e——汽车发动机的有效功率，kW。

3. 汽车发动机的特性

（1）汽车发动机的转速特性

汽车发动机的性能是随着许多因素而变化的，其变化规律称为汽车发动机特性。汽车发动机转速特性是指汽车发动机的功率、转矩和燃油消耗率三者随曲轴转速变化的规律。这个特性可以通过汽车发动机在试验台上（例如测功器试验台）进行试验而求得。试验时先保持一定的汽车发动机节气门开度，同时用测功器对汽车发动机曲轴施加一定数值的阻力矩。当汽车发动机运转稳定时，即阻力矩与汽车发动机发出的有效转矩相等时，可用转速表测出此时的稳定转速 n；同时在测功器上测出该转速下的汽车发动机有效转矩 T_e，根据式（1—1）可计算出有效功率 P_e。另外可测出消耗一定量汽油所经历的时间，换算出汽车发动机每小时油耗量 G_f，按式（1—2）计算出燃油消耗率 g_e。改变测功器的阻力矩数值，用与上述相同的方法，又可以得到相应于另一转速 n 的一组 T_e、P_e、g_e数值。如此重复若干次，即可得到一定节气门开度下的一系列 n、T_e、P_e、g_e 数值。根据这些数据，即可画出 T_e、P_e、g_e 随 n 变化的关系曲线，即相应于这一节气门开度的转速特性曲线。

（2）汽车发动机的总功率特性

如果改变节气门开度，又可得到另外一组特性曲线。当节气门开到最大时，所得到的是汽车发动机的总功率特性，也称为汽车发动机外特性。把在节气门其他开度情况下得到的特性称为部分特性，汽车发动机外特性代表了汽车发动机所具有的最高动力性能。

（3）汽车发动机的工作状况

汽车发动机的工作状况一般用发动机的功率与曲轴转速来表征，有时也可用负荷与曲轴转速来表征。

（4）汽车发动机的负荷

汽车发动机在某一转速下的负荷为汽车发动机在此转速下发出的功率与同一转速下所可能发出的最大功率之比，以百分数表示。

4. 汽车维修常用设备仪器使用方法

（1）举升器

1）作用。举升器用于举升汽车到需要的高度，便于维修人员对汽车各部进行检查、拆卸、维护和修理作业。

2）类型。举升器主要有双柱式、四柱式、龙门式等类型，其中四柱式举升器有的还带有二次举升机构。一般采用电动液压操纵系统驱动，设有双保险自锁保护装置，具有升降平稳、安全可靠、使用方便等特点。图 1—1 所示为双柱式举升器。

图 1—1　双柱式举升器

3）使用方法。举升器使用应注意以下问题：

①汽车进出举升器时，车前方须无人、物等障碍。

②汽车的停车位置应尽量使其重心与举升器的中心相接近。

③转动并调整举升臂到汽车底架下，选择合适的重心位置，然后转动托盘，使之紧密贴合，锁紧举升限位装置。

④操作时应缓慢将汽车上升到250～300 mm，检查支撑及整车稳定情况，如无异常，可继续上升到所需高度。复检一次（液压式举升器应合上机械保险装置）无误后，方可进行修理作业。

⑤举升器工作时，严禁超载，倾覆力矩不得接近规定值。

⑥应经常检查液压举升器的机械保险、限位传动装置、机械式举升器的限位装置、传动螺母、托盘软垫等是否完好、有效、可靠。

⑦工作完毕后，清理地面，将举升器的举升臂归位，做好机械传动部位的润滑工作，切断该机电源开关。

（2）发动机吊架

1）作用。发动机吊架用于发动机的吊装，如图1—2所示。

2）使用注意事项。发动机吊架应放置在汽车前面或侧面适当位置，并将外伸支撑杆伸开并固定可靠；悬臂伸入到发动机上方，起吊悬索应垂直于发动机起吊部位；缓慢起吊到一定高度后，通过移动吊架，将发动机放置在推车上或发动机翻转架上等待拆装。

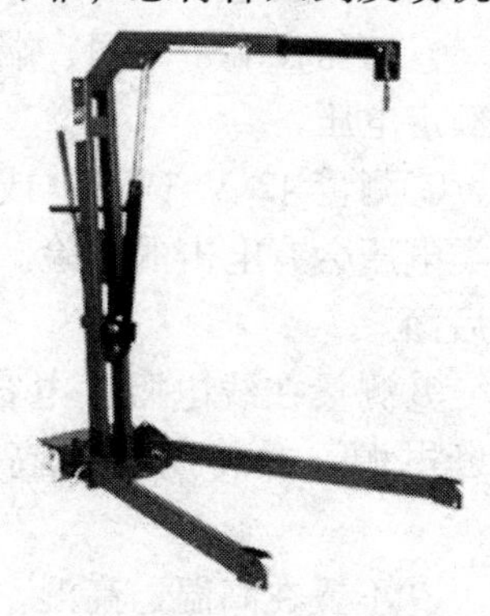

图1—2　发动机吊架

（3）数字式万用表

1）作用。数字式万用表用来测量交流电压、直流电压、毫伏电压、电阻、二极管、频率、电容、温度、毫安电流、方波信号输出等电子信号。

2）种类。数字式万用表的种类很多，价格也不一样。一般可按其内阻的大小来区分，汽车维修中一般推荐使用内阻为 10 MΩ 以上的数字式万用表，以适应对汽车电子系统中的传感器或执行器进行测试和模拟的要求。图 1—3 所示为数字式万用表。

图 1—3　数字式万用表

3）使用方法。数字式万用表使用时应注意以下问题：

①使用前，应先检查万用表的塑胶外壳是否完好、表笔是否断线、绝缘层是否完好无损。

②液晶显示器出现电池的符号，表示电池电量不足，应及时更换电池，以确保测量精度，避免由于测量不准确而误判。

③通过测量已知电压的方式确认万用表工作是否正常，若不正常，不要使用，应送去维修。严禁使用没有后盖或后盖没有盖好的万用表。

④测量时，必须正确使用万用表的端子，正确选择功能挡和量程挡。

⑤不允许在表笔插在电流端子的情况下测量电压，更不允许测试点火次级电压。

⑥切勿在端子之间、端子与大地之间施加超过万用表所标示的额定电压。

⑦测量 42 V（AC）或 60 V（DC）以上的电压时要小心，这类电压会有电击的危险。测量时，必须把手指放在表笔护指装置后面。

⑧测量在线电阻、电容、二极管或通断检测之前，必须先切断电源，并将所有的高压电容器，特别是大容量电容器放电。

⑨不要在高温、高湿、易爆和强磁场的环境中存放、使用万用表。

⑩不允许将万用表放到水箱、点火线圈、高压线、排气管上面。

（4）汽车故障检测仪

图 1—4 汽车故障检测仪

1）作用。汽车故障检测仪（见图 1—4）的作用可分为基本测试功能和特殊测试功能。基本测试功能包括：从发动机电脑的存储器中读取存储的故障码、重阅已测故障码、查阅故障码，发动机检修后根据操作者的指令清除发动机电脑中存储的故障码。特殊功能包括测试系统状态、动态数据测试及控制电脑功能设置等。

2）类型。一般分为便携式汽车故障检测仪和台式汽车故障检测仪，如 OTC 监视器、克莱斯勒公司的 DRB Ⅱ 测试仪、福特公司的 STAR Ⅱ 测试仪、Scanner（红盒子）检测仪、福禄克 FLUKE、元征 431IME 电眼睛、修车王等。

3）使用方法。检测仪一般有诊断接口，将诊断接口与发动机舱内或仪表板下方的故障诊断插座相连，操纵检测仪控制板上的按键指令，即可对发动机微机控制系统的传感器、执行器及其电路进行检测。其操作要领一般如下：

①正确选择测试头及测试卡（不同车型其诊断座形式不同，同一车系也存在不同的诊断座形式）。

②将接口电缆与主机相连，并与诊断座接好，将电源线与汽车点烟器相连或通过双钳线夹与蓄电池相接（在诊断座上自带电源的车型除外），使检测仪接通电源。

③在接通电源之前，汽车需热车到 85℃，然后熄火，关闭点火开关和所有电器设备，随即将软件卡插入主机底部的接口，并确认到位；再把汽车接口电缆与主机接口线连接好，并把其另一端的插头插入汽车诊断座。

④仔细阅读检测仪显示屏上的文字及符号，按其提示的操作

步骤进行所选定项目的测试。

⑤测试中如需打印，则打印出所需信息（有的诊断仪上带有打印机）；测试完毕后，退出程序，关闭主机，拔下电源插头和诊断插头。

（5）汽车故障综合分析仪

1）作用。汽车故障综合分析仪可以测试发动机电控系统、燃油系统、进气系统元件电路；读出故障码并进行诊断、分析，测试点火系电路并进行分析；进行各个传感器的波形分析；测试主电器系统；测试相对功率和进行废气分析等。汽车故障综合分析仪既具有示波功能，又能对发动机点火系进行分析，既有数字输出又有波形输出，并且具有多个通道的计算数据输出，并可将数据输入打印机输出。

2）种类。汽车故障综合分析仪有很多类型，图1—5所示为手持汽车故障分析仪，图1—6所示为台式汽车故障综合分析仪。

图1—5　手持汽车故障分析仪

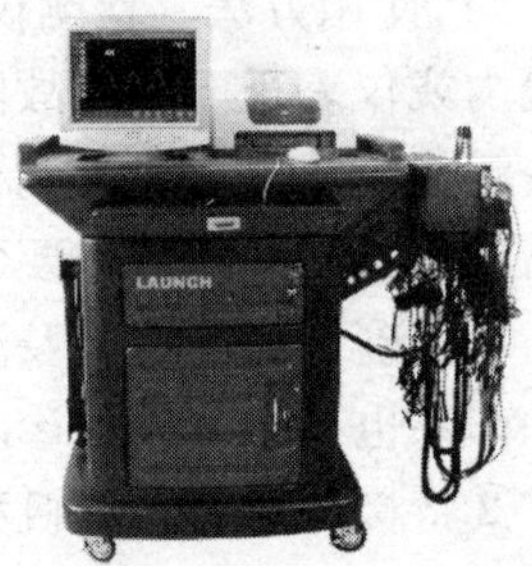

图1—6　台式汽车故障综合分析仪

（6）尾气分析仪

1）作用。尾气分析仪可测量汽车发动机排放物（HC、CO、CO_2、O_2、NO）的浓度，用于发动机排放物超标故障的分析，如图1—7所示。

2）类型。汽车尾气分析仪有二气式、四气式和五气式不分光红外线气体浓度分析仪。

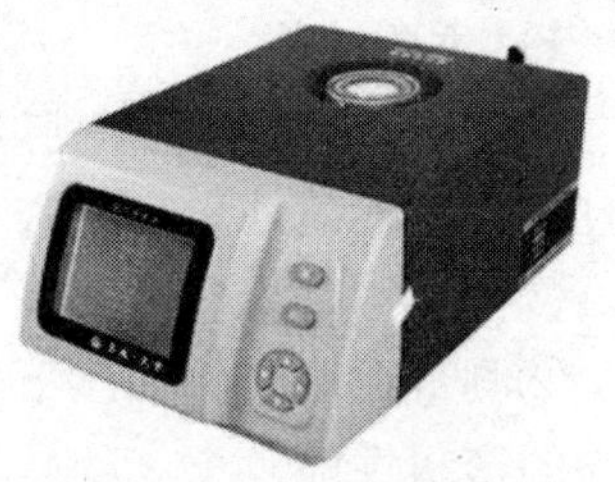

图 1—7　尾气分析仪

3）使用方法

①接通电源，预热 30 min 并进行仪器校正。

②设定工况，将取样管插入到排气管内，深度不小于400 mm。

③发动机由怠速加速到中等转速，维持 5 min 再降至怠速时开始测量，保证取样的准确性。

④测量时，取样管、输气管不得弯曲或漏气，若为多排气管发动机，取各管实测读数的算术平均值。

⑤测量结束后，取出取样管，抽气泵抽取外界新鲜空气，清洗仪器内部气道。待仪器显示回零位、抽气泵停止工作后，关闭测试开关和电源开关，并放出油水分离器中的污物，查看各滤芯、滤纸，必要时更换。

（7）燃油喷油器清洗仪

1）作用。燃油喷油器清洗仪用于清洗电控发动机喷油器并检测喷油器的喷射质量，如图 1—8 所示。

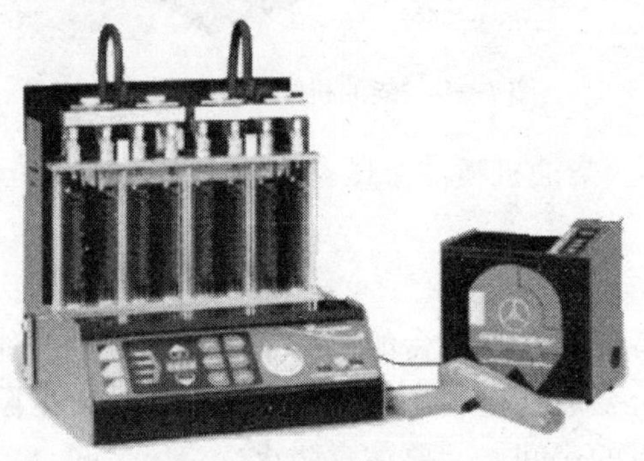

图 1—8　燃油喷油器清洗仪

2）主要功能

①测量在相同的喷射脉冲和恒定的喷射压力下，电控发动机各缸喷油器的喷油量，并查看喷雾形状，以检验喷油器的喷射质量。

②测量在恒定的油压下，喷油器的滴漏情况，以检验喷油器针阀的密封性能。

③使用喷油器专用清洗液清洗喷油器内部的积炭和胶质，恢复其性能。有些仪器还可使用超声波来增强清洗效果。

（8）柴油机喷油泵试验台

1）作用。利用柴油机喷油泵试验台（见图1—9）可根据厂家的具体参数对喷油泵及调速器性能进行试验和调整。

图1—9　柴油机喷油泵试验台

2）类型。柴油机喷油泵试验台的类型很多，但其性能基本相同。

3）使用方法

①操作者要熟悉试验台的结构、工作原理和操作方法。

②试验台要放在空气干燥、远离易燃易爆等危险品和不易受风沙尘埃侵入的房间，并要注意防火。

③试验台正式运转前，要认真检查油管有无裂损，油封、接

头是否松动、漏油。对主电动机和工作台不得随意拆卸，同时检查零线，一定要接在“0”端子上。

④试验前，机器进行试运转，待机器运转正常后，把高压油泵夹紧，方能进行试验。

⑤试验时若发现异常现象，应立即停机检查，待故障排除后，方能重新开机；非操作人员严禁靠近工作台。

⑥停机前，一定要将转速调低后再停机。

⑦试验完毕后，应切断电源并对试验台进行清洁、润滑。

⑧试验用油必须为清洁的、适合当地气候条件的柴油。

四、教材分析和教学建议

发动机为汽车动力源，用于把其他形式的能量转化为机械能，是由多种机构和系统组成的复杂机器。现代汽车发动机的结构形式很多，本章主要介绍发动机类型和型号，使学生掌握汽车发动机的工作原理和主要性能指标，同时对发动机维修过程中常用专用工具、量具和主要维修设备的用途及使用方法逐一进行介绍，以便在维修中能正确、合理地使用工、量具和维修设备。

课题1　发动机总体构造

教学重点

1. 掌握发动机的功用、结构及工作原理。
2. 掌握发动机的基本术语。

教学难点

能够对发动机的类型及型号进行识别。

教学前准备

学生知识准备	预习课题1 发动机总体构造	
场地要求	1. 能够容纳20名学生的汽车发动机理实一体化教室（约100 m^2） 2. 投影仪一台	
设备	名称	数量
	上海桑塔纳JV型汽车发动机台架	4
工具	名称	数量
	常用汽车维修工具	4
耗材	清洁布若干、机油（备用）	

教学设计

1. 介绍课程性质、学习目标、考核要求、职业生涯与课程的关系（10 min）。

2. 讲授新课：发动机总体构造。

步骤	教学内容	教学方法	教学手段	学生活动	时间分配
告知（教学内容、目的）	通过本课题的学习，掌握发动机总体构造、发动机的基本术语、发动机的类型、四冲程发动机工作原理，使学生对发动机总体构造有初步认识	叙述	PPT		3 min
引入（任务）	任务：发动机总论	叙述	PPT		2 min
教学内容（一）	发动机的分类	讲授	PPT		10 min

续表

步骤	教学内容	教学方法	教学手段	学生活动	时间分配
教学内容（二）	发动机的常用术语	讲授	PPT		15 min
教学内容（三）	发动机的工作原理	讲授	PPT		15 min
教学内容（四）	发动机的总体构造及型号编制规则	讲授	PPT		15 min
训练任务说明	1. 分组练习：每 5 人一组，分工合作进行项目练习 2. 分组操作时，注重培养学生团队友善协作意识和诚实守信原则，同时注意操作安全	叙述			5 min
训练	发动机总体构造认知	一体化	教师指导	认知	80 min
归纳总结	知识点： 1. 发动机总体构造 2. 发动机的基本术语 3. 发动机的类型 4. 四冲程发动机工作原理 能力点： 能够对发动机总体构造认知	讲授	PPT		5 min
课后作业	习题册： 单元一　总论 课题 1　发动机总体结构				

课题2　发动机检测与维修基础知识

教学重点

1. 掌握各种汽车发动机维修常用工具、设备的使用方法及注意事项。

2. 掌握发动机维修的有关安全知识。

教学难点

1. 发动机故障诊断的基本方法。

2. 发动机的大修工艺流程。

教学前准备

学生知识准备	1. 已学习过汽车发动机两大机构、五大系统的相关知识 2. 预习课题2 发动机检测与维修基础知识	
场地要求	1. 能够容纳20名学生的汽车发动机理实一体化教室（约100 m^2） 2. 投影仪一台	
设备	名称	数量
	上海桑塔纳JV型汽车发动机台架	4
工具	名称	数量
	顶拔器	1
	火花塞套筒	1
	桑塔纳张紧轮专用扳手	1
	活塞环拆装钳	1
	滤清器扳手	1

续表

	名称	数量
工具	气门弹簧钳	1
	常用维修工具	4
耗材	清洁布若干、机油（备用）	

讲授新课：发动机检测与维修基础知识。

步骤	教学内容	教学方法	教学手段	学生活动	时间分配
告知（教学内容、目的）	通过本课题的学习，使学生掌握各种常用工具、使用方法及注意事项	讲授	PPT		3 min
引入（任务）	任务：发动机检测与维修基础知识	讲授	PPT		2 min
教学内容（一）	常用工具的使用	讲授	PPT、实物演示		25 min
教学内容（二）	专用工具的使用	讲授	PPT、实物演示		20 min
教学内容（三）	发动机故障诊断	讲授	PPT		15 min
教学内容（四）	发动机大修	讲授	PPT		10 min
教学内容（五）	维修安全知识	讲授	PPT		5 min

续表

步骤	教学内容	教学方法	教学手段	学生活动	时间分配
训练任务说明	1. 分组练习：每5人一组，分工合作进行项目练习 2. 分组操作时，注重培养学生团队友善协作意识和诚实守信原则，同时注意操作安全	叙述			10 min
训练	正确操作常用工具	一体化	教师指导	学生分组操作	220 min
归纳总结	知识点： 1. 常用工具使用注意事项 2. 发动机故障诊断的基本方法 3. 故障诊断流程 4. 大修工艺流程 5. 维修安全知识 能力点： 能够正确使用各种常用拆装工具	讲授	PPT		10 min
课后作业	习题册： 单元一　总论 课题2　发动机检测与维修基础知识 实训报告：常用工具的操作（列举5种）				

五、相关资料和数据

常见车型发动机的结构特征与技术参数见表1—1～表1—5。

表 1—1 常见车型发动机的结构特征与技术参数（一）

车名	奥迪 200 1.8T	奥迪 200 2.4	奥迪 100	捷达王 GTX
制造商	一汽大众			
布置形式	FF	FF	FF	FF
型号			JW	EA113 20V
型式	直列 4 缸汽油机多点电喷涡轮增压	水冷 V 型 6 缸汽油机多点喷射	5 缸直列化油器式	4 缸直列水冷汽油机多点喷射
排量（mL）	1 781	2 398	1 781	1 595
最大功率（kW）	105（5 700 r/min）	103（5 600 r/min）	66（5 500 r/min）	74（5 800 r/min）
最大转矩（N·m）	200（1 750 ~ 4 600 r/min）	202（3 100 r/min）	145（3 300 r/min）	150（4 000 r/min）
缸径 × 冲程（mm × mm）	81 × 86.4	81 × 77.5	81 × 86.4	81 × 77.4
压缩比	8.9:1	10:1	8.5:1	8.5:1
配气机构	20 气门双顶置凸轮轴		单顶置凸轮轴	20 气门双顶置凸轮轴

表 1—2 常见车型发动机的结构特征与技术参数（二）

车名	桑塔纳 LX	桑塔纳 2000GLi	桑塔纳 GSi	别克新世纪
制造商	上海大众			上海通用
布置形式	FF	FF	FF	FF
型号	JV	AFE	AJR	
型式	水冷、直列 4 缸汽油机、化油器	水冷直列 4 缸前纵置电控多点喷射	水冷直列 4 缸电控多点喷射	V6 发动机、SFI 顺序多点燃油喷射，电子点火；PCM 动力总成控制模块

续表

车名	桑塔纳 LX	桑塔纳 2000GLi	桑塔纳 GSi	别克新世纪
排量（mL）	1 781	1 781	1 781	2 980
最大功率（kW）	66（5 200 r/min）	72（5 200 r/min）	74（5 200 r/min）	126（5 200 r/min）
最大转矩（N·m）	145（3 500 r/min）	150（3 100 r/min）	155（3 800 r/min）	250（4 400 r/min）
缸径×冲程（mm×mm）	81×86.4	81×86.4	81×86.4	89×80
压缩比	8.2∶1	9∶1	9.3∶1	
配气机构	单顶置凸轮轴	每缸2气门、单顶置凸轮轴		

表1—3　　常见车型发动机的结构特征与技术参数（三）

车名	富康 RG	富康 AL	全顺	TJ7100U
制造商	神龙富康汽车有限公司		江铃汽车	天津汽车厂
布置形式	FF	FF		FF
型号	TU3F2K	TU5JP/K	4JB1	TJ376Q
型式	水冷直列4缸汽油机、前横置		4缸直列水冷、直喷式纵置柴油机	3缸直列汽油机
排量（mL）	1 360	1 587	2 800	993
最大功率（kW）	55（5 800 r/min）	65（5 600 r/min）	57（3 600 r/min）	38（5 600 r/min）
最大转矩（N·m）	114（3 800 r/min）	135（3 000 r/min）	172（2 000 r/min）	75（3 200 r/min）

续表

车名	富康 RG	富康 AL	全顺	TJ7100U
缸径×冲程（mm×mm）	75×77	78.5×82		76×73
压缩比	9.3:1	9.6:1	18.2:1	9.5:1
配气机构	每缸2气门、单顶置凸轮轴			

表1—4　　常见车型发动机的结构特征与技术参数（四）

车名	TJ7130UA	BJ2021	CA1092	EQ1092
制造商	天津汽车厂	北京吉普车公司	一汽	二汽
布置形式	FF	4WD	FR	FR
型号	476Q（HC－C）	CMCI－4	CA6102	EQ6100－I
型式	水冷直列四缸	水冷直列四缸	6缸直列水冷、汽油机	
排量（mL）	1 295	2 500	5 560	5 420
最大功率（kW）	56（6 500 r/min）	77（4 000 r/min）	99（3 000 r/min）	99（3 000 r/min）
最大转矩（N·m）	102（3 900 r/min）	178（2 500 r/min）	373（12 000～1 400 r/min）	353（1 400 r/min）
缸径×冲程（mm×mm）	76×71.4	98.4×81	102×114	100×115
压缩比	9.5:1	8.6:1	7.2:1	6.75:1
配气机构	16气门、单顶置凸轮轴	正时链		

表 1—5　　常见车型发动机的结构特征与技术参数（五）

车名	JN1181KB	NJ1061	依维柯 S45. 10	JX1030DS
制造商	重庆汽车集团	南京汽车集团公司	江铃汽车	
布置形式	FR	FR	FR	FR
型号			8140. 27	
型式	柴油机、水冷直列 6 缸	汽油机、水冷直列 4 缸	4 缸直列涡轮增压直喷式柴油机	柴油机、水冷直列 4 缸
排量（mL）	11 950	2 690	2 499	2 499
最大功率（kW）	154. 5（2 100 r/min）	64. 7（4 000 r/min）	75. 7（3 800 r/min）	50（3 600 r/min）
最大转矩（N · m）	184. 5（1 300 r/min）	186. 2（2 500 r/min）	230（220 r/min）	152（2 000 r/min）
缸径 × 冲程（mm × mm）	130 ×150	95 ×95	93 ×92	1
压缩比	16∶1	7. 6∶1	18. 5∶1	18. 4∶1
配气机构				

六、技能鉴定参考试卷

项目　汽车发动机维修工具的使用

（一）试题类型

工具使用。

（二）考核时间

5 min。

（三）考核方法

现场实物操作（抽考一件工具）。

（四）技术要求

能正确、安全地使用汽车发动机维修工具，不损坏机件。

（五）考前准备

1．工具准备

汽车发动机维修常用工具、专用工具。

2．考前准备

桑塔纳轿车 JV 型汽车发动机。

（六）考核要求

能正确、安全地使用汽车发动机维修工具。

（七）注意事项

注意安全操作，不要损坏机件、工具。

（八）配分、评分标准

序号	作业项目	考核内容	配分	评分标准	评分记录	扣分	得分
1	工具使用	汽车发动机维修工具使用方法	60	1．使用方法不正确扣 5～40 分 2．使用不熟练扣 5～20 分			
2	安全文明生产	1．遵循安全规程，操作现场整洁 2．文明操作	30	1．违反安全操作规程，按不及格处理 2．零件、工具落地一次扣 5 分 3．人为导致机件损坏扣 10 分，损坏两处以上按不及格处理，因操作不当发生重大事故按 0 分计			
3	操作时间	时间 5 min	10	1．在规定时间内完成不扣分，每超 1 min 扣 2 分 2．超出规定时间 6 min，按不及格处理			
4	分数合计		100				

单元二　曲柄连杆机构

一、教学目标

1. 掌握曲柄连杆机构的功用及组成。
2. 熟悉曲柄连杆机构的工作条件。
3. 掌握机体组零件的构造及工作原理。
4. 能够对机体组零件进行拆装与检修。
5. 掌握活塞连杆组零件的构造及工作原理。
6. 能够对活塞连杆组零件进行拆装与检修。
7. 掌握曲轴飞轮组零件的构造及工作原理。
8. 能够对曲轴飞轮组零件进行拆装与检修。
9. 熟悉曲柄连杆机构故障检测和诊断的基本知识。
10. 掌握曲柄连杆机构常见故障的检测、诊断与排除方法。

二、学时分配

教学内容	总学时	理论学时	实习学时
课题 1　曲柄连杆机构概述	2	1	1
课题 2　机体组	13	1	12
课题 3　活塞连杆组	15	1	14
课题 4　曲轴飞轮组	12	1	11
课题 5　综合故障诊断与排除	8	1	7

三、补充教学资料

1. 气缸的布置型式

多缸发动机的气缸布置型式通常有直列、V 型和水平对置三种类型，其布置特点如下。

（1） 直列发动机

直列发动机气缸体排成一列，且多为垂直布置，有时为了降低发动机的高度，气缸体也可以倾斜或水平布置。直列发动机的气缸体和曲轴等主要部件结构简单，可以采用一个气缸盖。

通常排量为 1 ~2 L 级别的前置发动机、前驱动的轿车采用直列 4 缸发动机。如上海桑塔纳 1.8 L 系列发动机、捷达 1.6 L 系列发动机均采用直列 4 缸布置型式。这种型式的发动机除了结构简单、制造成本低和燃油经济性好等优点以外，还具有低速转矩特性好的优点。

直列 6 缸发动机纵向尺寸较长，适合发动机前置、后轮驱动的汽车。其最大的特点在于运转平稳，一些中高级轿车选用直列 6 缸发动机。

直列发动机的纵向长度和高度方向的尺寸较大。

（2） V 型发动机

V 型发动机气缸排成两列，且两列气缸中心线夹角小于 180°。V 形结构大大缩短了发动机的纵向长度，并降低了高度。气缸体刚度增加，结构紧凑，质量减轻，最大的优点是通用性强，增加气缸数量可以提高功率。常见的 V 型发动机多为 V6、V8、V12 三种机型。

（3） 水平对置发动机

当 V 型发动机气缸中心线夹角变为 180°时，则为水平对置发动机。水平对置发动机的气缸体是两个，结构比 V 型发动机更复杂、高度更低、宽度更宽、重心更低，活塞对向布置使运动的惯性力相互平衡，因而不会出现因不平衡而引起的振动问题。

2. 气缸的工作条件

在发动机做功时，气缸内的温度高达 2 500 K 以上，最高压力达 5 ~9 MPa；现代汽车发动机转速高达 3 000 ~6 000 r/min。此外，与可燃混合气和燃烧废气接触的机件（如气缸、气缸盖等）还将受到化学腐蚀。因此气缸是在高温、高压、高速运动以及有化学腐蚀的条件下工作。

3. 发动机曲轴箱的结构

发动机曲轴箱的结构有一般式、龙门式和隧道式三种型式。

（1）一般式

气缸体的下端面与曲轴轴线在同一平面内。此结构较为紧凑，便于制造加工，缺点是刚度和强度较低。通常用于小型汽油机。

（2）龙门式

气缸体的下端面移至曲轴轴线以下。这种结构的气缸体刚度和强度均较高，因而用于中型发动机。

（3）隧道式

主轴承座孔为整体结构，刚度更高。这种结构多用于安装滚动式主轴颈轴承和组合式曲轴。

4. 曲拐

每个连杆轴颈与其两端的曲柄及主轴颈构成一个曲拐。

（1）连杆轴颈

连杆轴颈又称曲柄销，与连杆太头装配在一起。在直列发动机上，连杆轴颈与气缸数相同。在 V 型发动机上，采用一个连杆轴颈上安装两个连杆（装两列相对应的两个气缸的连杆），其连杆轴颈数为气缸数的一半。

（2）主轴颈

主轴颈是曲轴的支撑部分。曲轴的支撑方式分为：全支撑和非全支撑。全支撑曲轴每个连杆轴颈两边各有一个主轴颈为支撑点，否则为非全支撑曲轴，故全支撑曲轴主轴颈数总是比连杆轴颈数多一个。

主轴颈和连杆轴颈是发动机中最关键的滑动配合副。为了提高轴颈的耐磨性，一般均进行表面淬火，轴颈过圆角处还须进行滚压强化等工艺，以提高其抗疲劳强度。

（3）曲柄和平衡重

曲柄用来连接主轴颈和连杆轴颈。平衡重的作用是平衡连杆大头、连杆轴颈和曲柄等产生的离心力及其力矩，以使发动机运转平稳。平衡重有两种，一种是与曲轴制为一体；另一种是制成单独的平衡重块，再用螺钉固定在曲柄上。

曲轴在装配前必须经过动平衡校验，对不平衡的曲轴，常在其偏重的一侧平衡重或曲柄上钻去一部分质量，以达到平衡的要求。

5. 气环的切口与断面形状

（1）气环切口的形状

活塞环的切口是气体泄漏的主要通道。因此，切口的形状和装入气缸后的切口端面间的间隙大小直接影响燃气的泄漏量。气环的切口形状如图 2—1 所示。直角形切口工艺性好，密封性差；阶梯形切口的密封性较好，但工艺性较差；斜切口的密封性和工艺性介于直角形和阶梯形切口之间，但其锐角部位在装配过程中容易折损，斜角一般为 30°或 45°。两行程发动机多采用带销钉槽的活塞环，其切口形状较为复杂，活塞环槽中的销钉用来防止活塞环在工作中绕活塞中心线转动。

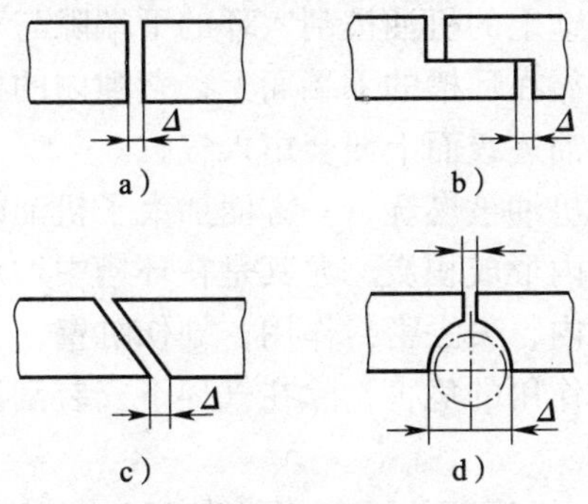

图 2—1 气环的切口形状

a）直角形切口 b）阶梯形切口 c）斜切口 d）带销钉槽的环切口

（2）气环的断面形状

气环的断面形状较多，常见的气环断面形状如图 2—2 所示。通常按断面形状来命名活塞环，常见的有以下几种。

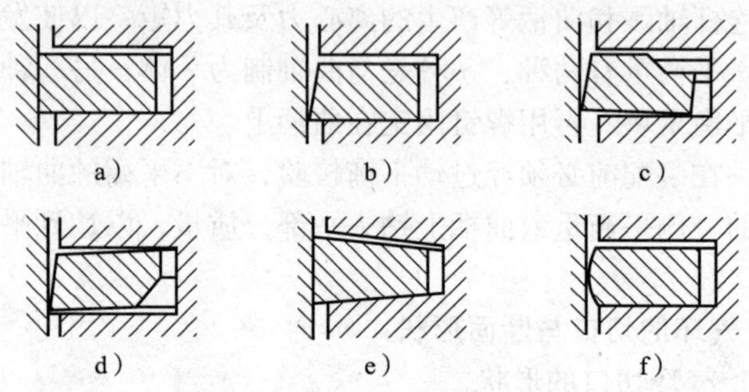

图 2—2　气环的断面形状

a）矩形环　b）锥形环　c）、d）扭曲环　e）梯形环　f）桶形环

1）矩形环。矩形环应用较多，其结构简单，制造方便，且与气缸壁接触面积大，导热效果好，有利于活塞头部的散热。矩形环的不足之处是工作中会产生“泵油作用”，致使缸壁上的润滑油进入气缸上部。

矩形环的泵油原理如图 2—3 所示。活塞下行时，由于环与缸壁间摩擦阻力以及环本身受惯性力的作用，环将紧贴在环槽的上端部，此时缸壁上的机油被刮入环的下端隙与背隙内。当活塞上行时，环又压靠在环槽的下端面上，背隙内的机油便会被压入环的上端面，机油逐级而上便会窜入气缸。

窜入气缸的机油被燃烧，一方面加大了机油的消耗，另一方面也会使燃烧室内形成积炭，尤其是在环槽中形成积炭，造成活塞环卡死在环槽内，失去密封作用，划伤缸壁，甚至折断。为了消除或减少泵油作用的危害，除在气环下安装刮油环外，广泛采用非矩形断面环。

2）锥形环。锥形环的锥角一般为 30°～60°，锥形环只能按图 2—2 中所示方向安装（环上一般刻有标记）。锥形环与缸壁间

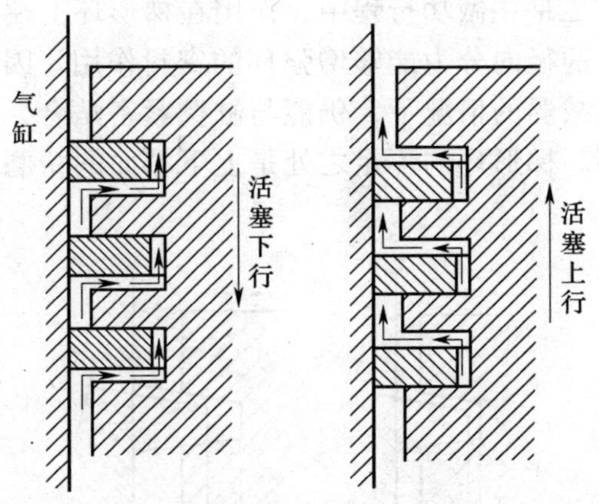

图 2—3　矩形环的泵油原理

形成线接触，有利于磨合和密封，且在活塞下行时有刮油作用，上行时有布油作用，可形成楔形油膜，增强润滑效果。锥形环传热性较差，故多用于二、三道气环。如奥迪 100JW 发动机第二环即采用此结构。

3）扭曲环。扭曲环是在矩形断面的内圆边缘或外圆的下边缘切去一部分后形成的环，这种环随同活塞装入气缸后，由于环的内应力分布不对称造成环体发生微量的扭曲变形，从而使环的边缘与环槽的上下端面接触，提高了表面接触应力，防止了活塞环在环槽中上下窜动而造成泵油的作用，同时增强了密封性。扭曲环易于磨合，有向下刮油的作用。

扭曲环目前在发动机上得到了广泛应用。安装时，应注意使内圆切槽向上、外圆切槽向下，不能装反。解放 CA6102 与玉柴 YC605QC 发动机上都装有此种活塞环。

4）梯形环。梯形环的断面呈梯形，如图 2—4 所示。其特点如下：一是当活塞受侧压力的变化左右（沿发动机纵向观察）换向时，环的侧隙 Δ_2 和背隙 Δ_3 也相应发生变化。使沉积在环槽中的结胶物被挤出，因而可以避免环被粘结在环槽中，引起折断；二是在做功行程中，作用在梯形环上端面上的燃气压力所产生的径向分力能够增强环的密封作用。因此，梯形环在自身弹力减弱的情况下，仍能与缸壁紧密贴合，故多用于柴油机第一环。梯形环的不足之处是上下端面的精磨工艺比较复杂。

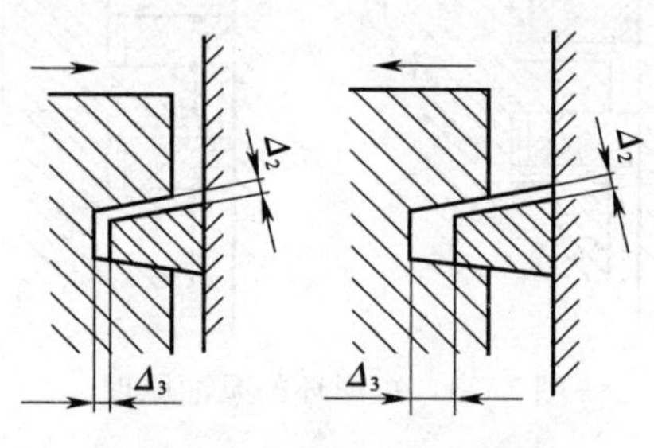

图 2—4　梯形环工作示意图

5）桶形环。桶形环是近十几年来兴起的一种新型结构，它的外圆面为凸圆弧形，其特点是上下运动时，均能与缸壁形成楔形空间，有利于润滑油膜的形成。环面与缸壁间为弧面接触，能很好地适应活塞的摆动，且接触面较小，密封性好。桶形环一般用作强化柴油机的第一环。如玉柴 YC605QC 柴油机和奥迪 100JW 发动机第一环即采用此结构。

为了适应苛刻的工作环境，环的材料必须具备很强的耐热性和耐磨性，同时还应有高的强度和冲击韧度。目前广泛采用合金铸铁（在优质灰铸铁中加入少量铜、铬、钼等合金元素）制造活塞环。合金铸铁的耐热能力强，高温下仍能保持较高的弹性；且硬度高、耐磨性好；合金元素的加入也提高了铸铁的冲击韧度。

为了进一步提高环的性能和寿命，还必须进行表面处理。第一道环的工作表面一般进行多孔镀铬。多孔镀铬硬度高，并能储存少量润滑油，改善了润滑条件，可使环的寿命提高 2 ~ 3 倍。其余气环一般做镀锡或表面磷化处理，以改善磨合性能；表面处理工艺在不断发展，新工艺不断出现，如采用表面喷钼工艺可提高环的耐热性和耐磨性。桑塔纳 JV 型发动机气环工作表面采用镀铬工艺，端面进行磷化处理。奥迪 100JW 型发动机气环工作表面采用喷钼工艺。

在高速柴油机上也可采用合金钢片环。合金钢片环弹性好，冲击韧度高，更能适应柴油机的工作要求。

除此之外，用新型复合材料制成的活塞环也开始试用，如金属陶瓷和聚四氟乙烯制造的活塞环耐磨性很好。

四、教材分析和教学建议

曲柄连杆机构是发动机实现工作循环、完成能量转换的传动机构，用来传递力和改变运动方式。曲柄连杆机构在做功行程把活塞的往复运动转变成曲轴旋转运动，对外输出动力；而在其他三个行程中又把曲轴的旋转运动转变成活塞的往复直线运动。曲柄连杆机构的零件分为机体组、活塞连杆组和曲轴飞轮组三个部分。

本单元要求会拆装与检测机体组、活塞连杆组、曲轴飞轮组，能诊断与排除曲柄连杆机构故障。

课题 1　曲柄连杆机构概述

教学重点

1. 掌握曲柄连杆机构的功用及组成。
2. 熟悉曲柄连杆机构的工作条件。

教学难点

曲柄连杆机构的功用及组成。

教学前准备

学生知识准备	1. 已学习过曲柄连杆机构整体结构认知，掌握常用汽车维修工具的使用 2. 预习课题1 曲柄连杆机构概述	
场地要求	1. 能够容纳20名学生的汽车发动机理实一体化教室（约100 m^2） 2. 投影仪一台 3. 桑塔纳JV型汽车发动机的结构挂图	
设备	名称	数量
	上海桑塔纳JV型汽车发动机台架	4
工具	名称	数量
	常用维修工具	4
耗材	清洁布若干、机油（备用）	

教学设计

讲授新课：曲柄连杆机构概述。

步骤	教学内容	教学方法	教学手段	学生活动	时间分配
告知（教学内容、目的）	通过本课题的学习，掌握曲柄连杆机构的功用、组成以及分类，熟悉曲柄连杆机构的工作条件，重点掌握曲柄连杆机构的功用及组成，从而能够对曲柄连杆机构的结构进行认知	叙述	PPT		3 min
引入（任务）	任务：曲柄连杆机构的概述	叙述	PPT		2 min

续表

步骤	教学内容	教学方法	教学手段	学生活动	时间分配
教学内容（一）	曲柄连杆机构的组成	讲授	PPT、实物演示		10 min
教学内容（二）	曲柄连杆机构的功用	讲授	PPT		20 min
教学内容（三）	曲柄连杆机构的工作条件	讲授	PPT		5 min
训练任务说明	1. 分组练习：每 5 人一组，分工合作进行项目练习 2. 分组操作时，注重培养学生团队友善协作意识和诚实守信原则，同时注意操作安全	叙述			5 min
训练	曲柄连杆机构的结构认知	一体化	教师指导	认知	30 min
归纳总结	知识点： 1. 曲柄连杆机构的功用及组成 2. 熟悉曲柄连杆机构的工作条件 能力点： 曲柄连杆机构结构认知	讲授	PPT		5 min
课后作业	习题册： 单元二　曲柄连杆机构 课题 1　曲柄连杆机构概述				

课题2 机 体 组

教学重点

1. 掌握机体组零件的结构及工作原理。
2. 能够对机体组零件进行拆装与检修。

教学难点

机体组零件的拆装与检修。

教学前准备

<table>
<tr><td>学生知识准备</td><td colspan="2">1. 已学习过曲柄连杆机构整体结构认知，掌握常用汽车维修工具的使用
2. 预习课题2机体组</td></tr>
<tr><td>场地要求</td><td colspan="2">1. 能够容纳20名学生的汽车发动机理实一体化教室（约100 m^2）
2. 投影仪一台</td></tr>
<tr><td rowspan="2">设备</td><td>名称</td><td>数量</td></tr>
<tr><td>上海桑塔纳JV型汽车发动机台架</td><td>4</td></tr>
<tr><td rowspan="5">工具</td><td>名称</td><td>数量</td></tr>
<tr><td>千分尺</td><td>4</td></tr>
<tr><td>内径百分表</td><td>4</td></tr>
<tr><td>游标卡尺</td><td>4</td></tr>
<tr><td>常用维修工具</td><td>4</td></tr>
<tr><td>耗材</td><td colspan="2">清洁布若干、机油（备用）</td></tr>
</table>

讲授新课：机体组。

步骤	教学内容	教学方法	教学手段	学生活动	时间分配
告知（教学内容、目的）	通过本课题的学习，掌握机体组的构造，使学生能够对机体组进行正确的拆装和检修	叙述	PPT		3 min
引入（任务）	任务：机体组	叙述	PPT		2 min
教学内容	机体组的构造	讲授	PPT、实物演示		35 min
训练任务说明	1．分组练习：每 5 人一组，分工合作进行项目练习 2．分组操作时，注重培养学生团队友善协作意识和诚实守信原则，同时注意操作安全	叙述			10 min
训练（一）	机体组的分解	一体化	教师指导	学生分组操作	120 min
训练（二）	机体组的检修： 1．气缸盖的检修 2．气缸体的检修	一体化	教师指导	学生分组操作	260 min
训练（三）	机体组的安装	一体化	教师指导	学生分组操作	120 min

续表

步骤	教学内容	教学方法	教学手段	学生活动	时间分配
归纳总结	知识点： 机体组的构造 能力点： 1．机体组的分解 2．机体组的检修 3．机体组的安装	讲授	PPT		10 min
课后作业	习题册： 单元二　曲柄连杆机构 课题2　机体组 实训报告： 1．机体组的分解 2．机体组的检修 3．机体组的安装				

课题3　活塞连杆组

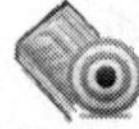

教学重点

1．掌握活塞连杆组零件的结构及工作原理。

2．能够对活塞连杆组零件进行拆装与检修。

教学难点

活塞连杆组零件的拆装与检修。

教学前准备

<table>
<tr><td>学生知识准备</td><td colspan="2">1. 已学习过曲柄连杆机构整体结构认知，掌握常用汽车维修工具的使用
2. 预习课题 3 活塞连杆组</td></tr>
<tr><td>场地要求</td><td colspan="2">1. 能够容纳 20 名学生的汽车发动机理实一体化教室（约 100 m^2）
2. 投影仪一台</td></tr>
<tr><td rowspan="2">设备</td><td>名称</td><td>数量</td></tr>
<tr><td>上海桑塔纳 JV 型汽车发动机台架</td><td>4</td></tr>
<tr><td rowspan="7">工具</td><td>名称</td><td>数量</td></tr>
<tr><td>活塞环拆装钳</td><td>4</td></tr>
<tr><td>千分尺</td><td>4</td></tr>
<tr><td>塞尺</td><td>4</td></tr>
<tr><td>活塞环抱箍</td><td>4</td></tr>
<tr><td>内径百分表</td><td>4</td></tr>
<tr><td>常用维修工具</td><td>4</td></tr>
<tr><td>耗材</td><td colspan="2">清洁布若干、机油（备用）</td></tr>
</table>

教学设计

讲授新课：活塞连杆组。

步骤	教学内容	教学方法	教学手段	学生活动	时间分配
告知（教学内容、目的）	通过本课题的学习，掌握活塞连杆组的构造，使学生能够对活塞连杆组进行正确的拆装和检修	叙述	PPT		3 min

续表

步骤	教学内容	教学方法	教学手段	学生活动	时间分配
引入（任务）	任务：活塞连杆组	叙述	PPT		2 min
教学内容	活塞连杆组的构造	讲授	PPT、实物演示		35 min
训练任务说明	1. 分组练习：每5人一组，分工合作进行项目练习 2. 分组操作时，注重培养学生团队友善协作意识和诚实守信原则，同时注意操作安全	叙述			10 min
训练（一）	活塞连杆组的分解	一体化	教师指导	学生分组操作	120 min
训练（二）	活塞连杆组的检修	一体化	教师指导	学生分组操作	300 min
训练（三）	活塞连杆组的安装	一体化	教师指导	学生分组操作	120 min
归纳总结	知识点： 活塞连杆组的构造 能力点： 1. 活塞连杆组的分解 2. 活塞连杆组的检修 3. 活塞连杆组的安装	讲授	PPT		20 min

续表

步骤	教学内容	教学方法	教学手段	学生活动	时间分配
课后作业	习题册： 单元二　曲柄连杆机构 课题 3　活塞连杆组 实训报告： 1. 活塞连杆组的分解 2. 活塞连杆组的检修 3. 活塞连杆组的安装				

课题 4　曲轴飞轮组

教学重点

1. 掌握曲轴飞轮组零件的结构及工作原理。
2. 能够对曲轴飞轮组零件进行拆装与检修。

教学难点

曲轴飞轮组零件的拆装与检修。

教学前准备

学生知识准备	1. 已学习过曲柄连杆机构整体结构认知，掌握常用汽车维修工具的使用 2. 预习课题 4 曲轴飞轮组
场地要求	1. 能够容纳 20 名学生的汽车发动机理实一体化教室（约 100 m^2） 2. 投影仪一台

续表

设备	名称	数量
	上海桑塔纳 JV 型汽车发动机台架	4
工具	名称	数量
	游标高度尺	4
	百分表	4
	千分尺	4
	常用维修工具	4
耗材	清洁布若干、机油（备用）	

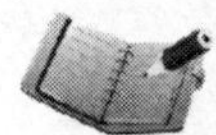

教学设计

讲授新课：曲轴飞轮组。

步骤	教学内容	教学方法	教学手段	学生活动	时间分配
告知（教学内容、目的）	通过本课题的学习掌握曲轴飞轮组的构造，使学生能够对曲轴飞轮组进行正确的拆装和检修	叙述	PPT		3 min
引入（任务）	任务：曲轴飞轮组	叙述	PPT		2 min
教学内容	曲轴飞轮组的构造	讲授	PPT、实物演示		35 min
训练任务说明	1. 分组练习：每 5 人一组，分工合作进行项目练习 2. 分组操作时，注重培养学生团队友善协作意识和诚实守信原则，同时注意操作安全	叙述			10 min

续表

步骤	教学内容	教学方法	教学手段	学生活动	时间分配
训练（一）	曲轴飞轮组的分解	一体化	教师指导	学生分组操作	80 min
训练（二）	曲轴飞轮组的检修 1．曲轴的检修 2．曲轴轴承的检修	一体化	教师指导	学生分组操作	250 min
训练（三）	曲轴飞轮组的安装	一体化	教师指导	学生分组操作	80 min
归纳总结	知识点： 曲轴飞轮组的构造 能力点： 1．曲轴飞轮组的分解 2．曲轴飞轮组的检修 3．曲轴飞轮组的安装	讲授	PPT		20 min
课后作业	习题册： 单元二　曲柄连杆机构 课题4　曲轴飞轮组 实训报告： 1．曲轴飞轮组的分解 2．曲轴飞轮组的检修 3．曲轴飞轮组的安装				

课题 5　综合故障诊断与排除

教学重点

1．熟悉曲柄连杆机构故障检测和诊断的基本知识。

2．掌握曲柄连杆机构常见故障的检测、诊断与排除方法。

教学难点

曲柄连杆机构常见故障的检测、诊断与排除。

教学前准备

学生知识准备	1．已学习过汽车发动机曲柄连杆机构的构造、原理、组成，掌握常用维修工具的使用 2．预习课题 5 综合故障诊断与排除	
场地要求	1．能够容纳 20 名学生的汽车发动机理实一体化教室（约 100 m^2） 2．投影仪一台	
设备	名称	数量
	上海桑塔纳 JV 型汽车发动机实训台	4
工具	名称	数量
	常用维修工具	4
耗材	清洁布若干、机油（备用）	

教学设计

讲授新课：综合故障诊断与排除。

步骤	教学内容	教学方法	教学手段	学生活动	时间分配
告知（教学内容、目的）	通过本课题的学习，掌握曲柄连杆机构的典型故障诊断和排除的方法，使学生能够对曲柄连杆机构进行故障诊断和排除	叙述	PPT		3 min
引入（任务）	任务：综合故障诊断与排除	叙述	PPT		2 min
训练任务说明	1. 分组练习：每5人一组，分工合作进行项目练习 2. 分组操作时，注重培养学生团队友善协作意识和诚实守信原则，同时注意操作安全	叙述			5 min
训练（一）	活塞敲缸响： 1. 故障现象 2. 故障原因 3. 故障诊断	一体化	教师指导	学生分组操作	110 min
训练（二）	曲轴轴承响： 1. 故障现象 2. 故障原因 3. 故障诊断	一体化	教师指导	学生分组操作	110 min
训练（三）	连杆轴承响： 1. 故障现象 2. 故障原因 3. 故障诊断	一体化	教师指导	学生分组操作	90 min
归纳总结	能力点： 能够对曲柄连杆机构进行故障诊断和排除	讲授	PPT		5 min

续表

步骤	教学内容	教学方法	教学手段	学生活动	时间分配
课后作业	习题册： 单元二　曲柄连杆机构 课题 5　综合故障诊断与排除 实训报告： 1. 故障诊断——活塞敲缸响 2. 故障诊断——曲轴轴承响 3. 故障诊断——连杆轴承响				

五、相关资料和数据

活塞环间隙相关数据见表 2—1。

表 2—1　　　　活塞环间隙

发动机型号	活塞环开口间隙（mm）			活塞环侧隙（mm）		
	第一道气环	第二道气环	油环	第一道气环	第二道气环	油环
夏利 TJ376Q	0.02～0.07	0.02～0.07	0.20～1.10	0.03～0.12	0.03～0.12	0.03～0.12
切诺基 2131-4	0.15～0.35	0.15～0.35	0.5～0.35	0.043～0.081	0.043～0.081	0.03～0.20
桑塔纳	0.30～0.45	0.25～0.40	0.25～0.50	0.02～0.05	0.02～0.05	0.03～0.08
奥迪	0.30～0.45	0.25～0.40	0.25～0.50	0.02～0.05	0.02～0.05	0.02～0.05
五十铃 EJB1	0.20～0.40	0.20～0.40	0.10～0.30	0.09～0.125	0.05～0.085	0.03～0.07

续表

发动机型号	活塞环开口间隙（mm）			活塞环侧隙（mm）		
	第一道气环	第二道气环	油环	第一道气环	第二道气环	油环
丰田 5R 型	0. 20 ~ 0. 40	0. 15 ~ 0. 35	0. 15 ~ 0. 35	0. 03 ~ 0. 07	0. 03 ~ 0. 07	0. 025 ~ 0. 070
三菱 10DC60A	0. 4 ~ 0. 6	0. 4 ~ 0. 6	0. 4 ~ 0. 6	0. 10 ~ 0. 13	0. 05 ~ 0. 08	0. 025 ~ 0. 070
解放 CA6102	0. 5 ~ 0. 7	0. 4 ~ 0. 6	0. 3 ~ 0. 5	0. 055 ~ 0. 087	0. 055 ~ 0. 087	0. 04 ~ 0. 08
解放 CA6110	0. 45 ~ 0. 645	0. 45 ~ 0. 645	0. 35 ~ 0. 55	0. 06 ~ 0. 095	0. 04 ~ 0. 075	0. 04 ~ 0. 075
135 系列柴油机	0. 60 ~ 0. 80	0. 50 ~ 0. 70	0. 40 ~ 0. 60	0. 10 ~ 0. 115	0. 08 ~ 0. 115	0. 06 ~ 0. 098
康明斯 B 系列	0. 40 ~ 0. 70	0. 25 ~ 0. 55	0. 25 ~ 0. 55	0. 095 ~ 0. 115	0. 085 ~ 0. 13	0. 04 ~ 0. 085
别克 GL	0. 15 ~ 0. 71	0. 5 ~ 0. 71		0. 05 ~ 0. 085	0. 05 ~ 0. 09	

六、技能鉴定参考试卷

项目一　桑塔纳 JV 型发动机气缸盖的检修

（一）试题类别

检修。

（二）考核时间

30 min。

（三）考核方法

现场实物操作。

（四）技术要求及操作步骤

1. 技术要求

（1）缸盖螺栓要分多次均匀拧紧。第一次拧紧力矩：40 N·m，第二次拧紧力矩：60 N·m，第三次拧紧力矩：75 N·m，第四次拧紧力矩：用扭力扳手拧 1/4 圈。

（2）气缸盖的下表面的平面度误差不超过 0.1 mm。

2. 操作步骤

（1）拆下气缸盖总成附件。

（2）拆卸气缸盖固定螺栓，拆的时候按照从两边向中间成对角的顺序，将气缸盖固定螺栓拆下，取下气缸盖和气缸垫。

（3）检测气缸盖有无裂纹等，用钢直尺检测气缸盖下平面的平面度。如不符合要求，进行铲平修复。

（4）将气缸垫放上，注意方向，将气缸盖放上，注意拧紧力矩和顺序。

（5）装上气缸盖附件。

（五）考前准备

1. 工具准备

桑塔纳专用工具、钢直尺、铲刀、塞尺。

2. 考件准备

桑塔纳 JV 型发动机台架。

（六）考核要求

1. 能正确拆装气缸盖。

2. 能熟练进行气缸盖下平面的平面度检测。

（七）注意事项

1. 注意气缸盖螺栓的拧紧力矩顺序。

2. 注意平面度的要求。

（八）配分、评分标准

序号	作业项目	考核内容	配分	评分标准	评分记录	扣分	得分
1	拆装	气缸盖拆装	40	1. 气缸盖附件拆装不正确扣10分 2. 拧紧力矩或顺序不对扣15分 3. 气缸垫方向不正确扣10分 4. 拆装不熟练扣5分			
2	测量	气缸盖下平面度检测	20	1. 平面度检测方法不正确扣10分 2. 检测结果不正确扣10分			
3	修复	气缸盖修复	20	1. 铲削方法不正确扣10分 2. 铲削结果不正确扣10分			
4	安全文明生产	1. 正确使用工具、仪器 2. 遵循安全规程，操作现场整洁 3. 文明操作	10	1. 违反安全操作规程，按不及格处理 2. 工具使用不当，零件、工具落地，一次扣2分 3. 人为导致机件损坏扣5分，损坏两处以上按不及格处理，因操作不当发生重大事故按0分计			

续表

序号	作业项目	考核内容	配分	评分标准	评分记录	扣分	得分
5	操作时间	时间30 min	10	1. 在规定时间内完成不扣分，每超 1 min 扣2分 2. 超出规定时间 6 min，按不及格处理			
6	分数合计		100				

项目二　气缸的测量

（一）试题类别

检测。

（二）考核时间

20 min。

（三）考核方法

现场实物操作。

（四）技术要求及操作步骤

1. 技术要求

对于 EQ6100－1 型发动机，规定的使用极限如下：圆度误差≤0.075 mm；圆柱度误差≤0.15 mm。

对于桑塔纳 JV 型发动机，当实际尺寸超过标准尺寸 0.08 mm 时，必须进行镗削。

2. 操作步骤

（1）根据气缸直径，选择合适的测量推杆固定在量缸表的下端，使整个测杆长度与被测气缸直径相适应。

（2）校正量缸表的尺寸。将千分尺调到气缸的标准尺寸，再将量缸表通过千分尺校正到气缸的标准尺寸（使测杆有 2 mm 左右的压缩量），旋转表盘使表针对准零位。

（3）测量气缸上、中、下三个位置的纵向和横向的气缸直径。测量时应摆动量缸表，指针指示的最小值即为被测值，并将测得的值逐一记录下来。

计算气缸的圆度误差和圆柱度误差：

圆度误差 =（同一截面内最大直径 - 同一截面内最小直径）/2

圆柱度误差 =（全部测量值中最大直径 - 全部测量值中最小直径）/2

（4）修理尺寸及修理级别的确定：气缸直径除标准尺寸外，通常还有 6 级修理尺寸，每加大 0. 25 mm 为一级，递增至加大 1. 5 mm。桑塔纳 JV 型发动机的标准缸径为 ϕ81. 01 mm。修理尺寸为 ϕ81. 26 mm、ϕ81. 51 mm、ϕ82. 01 mm。将磨损最大气缸的最大直径与加工余量相加，其数值再与修理尺寸对照，如计算出的修理尺寸与某一级数相近，可按该级修理（加工余量取 0. 10 ~ 0. 20 mm）。

（五）考前准备

1. 工具准备

量缸表、千分尺。

2. 考件准备

桑塔纳 JV 型发动机气缸体。

（六）考核要求

1. 校表要正确。

2. 能正确检测出气缸的磨损量，确定修理尺寸。

（七）注意事项

1. 测杆选择要与所测气缸相适应。

2. 注意读表的正确方法。

（八）配分、评分标准

序号	作业项目	考核内容	配分	评分标准	评分记录	扣分	得分
1	仪表调试	校表	30	1．测杆选择不正确扣10分 2．校表不正确扣15分 3．校表不熟练扣5分			
2	测量	测量气缸体	30	1．读数不正确扣10分 2．测量方法不正确扣20分			
3	计算	计算确定修理尺寸	20	1．圆度、圆柱度不正确扣10分 2．修理尺寸的确定不正确扣10分			
4	安全文明生产	1．正确使用工具、仪器 2．遵循安全规程，操作现场整洁	10	1．违反安全操作规程，按不及格处理 2．工具使用不当，零件、工具落地，一次扣2分 3．人为导致机件损坏扣5分，损坏两处以上按不及格处理，因操作不当发生重大事故按0分计			
5	操作时间	时间20 min	10	1．在规定时间内完成不扣分，每超1 min扣2分 2．超出规定时间6 min，按不及格处理			
6	分数总计		100				

项目三　桑塔纳 JV 型发动机活塞连杆组的拆装

（一）试题类别

拆装。

（二）考核时间

30 min。

（三）考核方法

现场实物操作。

（四）技术要求及操作步骤

1. 技术要求

（1）活塞环的侧隙为 0.02～0.05 mm。

（2）活塞环的端隙：第一道气环 0.03～0.45 mm，第二道气环 0.25～0.40 mm，油环 0.25～0.50 mm，磨损极限值为 1.0 mm。

（3）3 道环不要装错，3 道环的开口要错开 120°。

2. 操作步骤

（1）拆卸

①将所拆活塞处于下止点。注意各缸活塞连杆组记号，若无记号必须做标记。

②旋下连杆螺母，从曲轴上取下连杆盖、连杆、连杆轴瓦。

③用活塞环拆装钳依次取下气环、油环。

④用尖嘴钳小心取下活塞销卡环，用冲头将活塞销取下。

⑤将活塞环置于气缸中下部检查开口间隙。

（2）装配

①组装活塞连杆组件。依次将同一缸号的活塞与连杆装配到一起，装配时先在配合面上涂抹润滑油，并使活塞顶部的箭头标记与连杆上的凸点标记指向同一侧，然后用拇指将活塞销推入活塞销座孔及连杆小头之中（阻力较大时，可先用热水将活塞加热至 60℃后再装配，加热后仍不能将活塞销推入时应重新选配零件），并加装锁环。

②安装活塞环。在活塞环的端隙、侧隙、背隙符合要求的情况下，使用活塞环拆装钳装入环槽之中；安装第二道环时，应使有“TOP”标记的一面朝向活塞顶部，各道活塞环相互错开120°。并使第一道气环的开口位于侧压力较小的一侧，且与活塞销轴线成45°夹角。

③将活塞连杆组装入气缸。将活塞顶面上的箭头指向发动机前端，并按缸号标记依次将活塞连杆组件自缸体上方放入气缸之中，用活塞环夹箍压缩活塞环，用手锤木柄将活塞推入气缸内，使连杆大头落于曲轴连杆轴颈上，按标记扣合连杆轴承盖，并按规定力矩拧紧连杆螺栓。

（五）考前准备

1. 工具准备

常用工具1套，桑塔纳专用工具1套。

2. 考件准备

桑塔纳活塞连杆组，机油少许。

（六）考核要求

1. 正确拆装活塞连杆组。

2. 活塞环端隙检查方法正确。

（七）注意事项

1. 拆卸、安装活塞时一定要注意各缸记号，若无记号必须做标记。

2. 活塞3道环的开口要错开。

（八）配分、评分标准

序号	作业项目	考核内容	配分	评分标准	评分记录	扣分	得分
1	拆卸	拆卸活塞连杆组	30	1. 拆卸方法不正确扣15分 2. 不做标记扣5分 3. 拆卸不熟练扣5分			

续表

序号	作业项目	考核内容	配分	评分标准	评分记录	扣分	得分
2	检查	检查活塞环的端隙	20	1. 检查方法不正确扣10分 2. 检查结果不正确扣10分			
3	装配	组装活塞连杆组	30	1. 装配顺序错误扣20分 2. 装配不熟练扣10分			
4	安全文明生产	1. 正确使用工具、仪器 2. 遵循安全规程，操作现场整洁 3. 安全用电，防火，无人身、设备事故	10	1. 违反安全操作规程，按不及格处理 2. 工具使用不当，零件、工具落地，一次扣2分 3. 人为导致机件损坏扣5分，损坏两处以上按不及格处理，因操作不当发生重大事故按0分计			
5	操作时间	时间30 min	10	1. 在规定时间内完成不扣分，每超1 min扣2分 2. 超出规定时间6 min，按不及格处理			
6	分数合计		100				

单元三　配 气 机 构

一、教学目标

1．掌握配气机构的功用、结构及组成。
2．掌握配气机构的分类及工作原理。
3．掌握气门传动组零件的结构及工作原理。
4．能够对气门传动组零件进行拆装与检修。
5．掌握气门组零件的结构及工作原理。
6．能够对气门组零件进行拆装与检修。
7．了解配气相位的定义、作用及工作原理。
8．掌握配气相位的检查与调整方法。
9．了解可变气门正时技术。
10．熟悉配气机构故障检测和诊断的基本知识。
11．掌握配气机构常见故障的检测、诊断与排除方法。

二、学时分配

教学内容	总学时	理论学时	实习学时
课题 1　配气机构概述	2	1	1
课题 2　气门传动组	6	1	5
课题 3　气门组	6	1	5
课题 4　配气相位	4	2	2
课题 5　综合故障诊断与排除	6	0	6

三、补充教学资料

普通配气机构的发动机低速运转时，由于气门的动作较慢，在进气迟后角范围内，部分混合气（或空气）进入气缸后会反压回进气歧管中，使得低速时发动机的充气效率降低，动力性急剧下降，燃料经济性也变得很差。为了克服这些缺点，近年来一些车型采用了 VTEC 系统或 VVT - i 系统控制发动机的进气时刻和进气量。下面以本田 ACCORD F22B1 发动机 VTEC 系统和凌志 LS400 VVT - i 系统为例介绍其控制原理与检修。

1. 本田 ACCORD F22B1 发动机 VTEC 系统

（1）VTEC 系统的组成及工作过程

本田 ACCORD F22B1 发动机 VTEC 系统的结构如图 3—1 所示，其工作过程如图 3—2 所示。VTEC 机构中有三个凸轮，中间的为高速凸轮，它的升程最大，另外两个为低速凸轮，凸轮较高的一个为主凸轮，较低的一个为次凸轮。与这三个凸轮相对应的摇臂分别为中间摇臂、主摇臂和次摇臂，两个气门分别安装

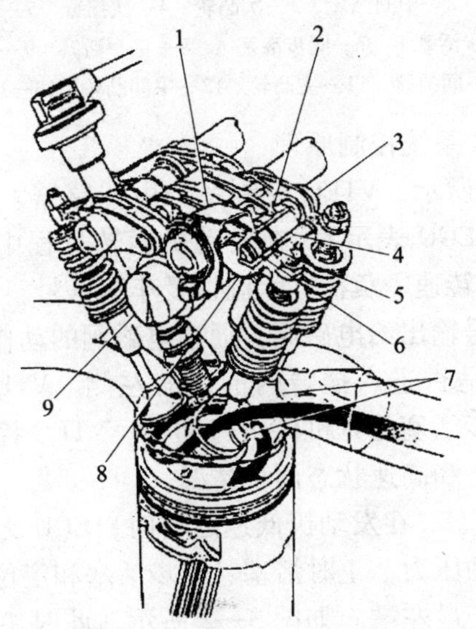

图 3—1　VTEC 系统的结构

1—正时板　2—中间摇臂　3—次摇臂　4—同步活塞 B　5—同步活塞 A
6—正时活塞　7—进气门　8—主摇臂　9—次摇臂

在主、次摇臂上。在三个摇臂内有一油道，内装有正时活塞，同步活塞 A、B 和定位活塞。每个气缸上有两个进气门和两个排气门，且每个气缸的两个进气门上都装有这样一套 VTEC 机构。

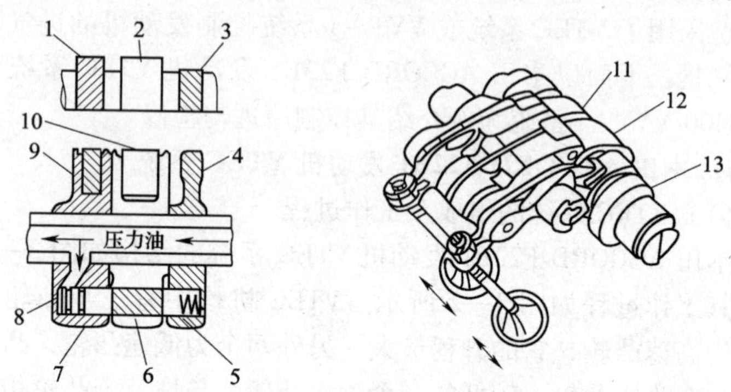

图 3—2 VTEC 系统的工作过程

1—主凸轮 2—中间凸轮 3—次凸轮 4—次摇臂 5—次同步活塞 6—同步活塞 B 7—同步活塞 A 8—正时活塞 9—主摇臂 10—中间摇臂 11—主凸轮 12—中间凸轮 13—次凸轮

（2）VTEC 系统控制原理

如图 3—3 所示，VTEC 控制系统由传感器、执行器和 ECM 组成（也可用 ECU 表示）。在发动机运转过程中，各传感器不断向 ECM 输入转速、负荷、水温以及车速信号，由 ECM 进行计算处理后将信号输出给电磁阀，通过电磁阀的动作控制从机油泵输出的压力油是否进入摇臂内油道的左侧。VTEC 机构中的凸轮、摇臂和同步活塞等是机械执行部分。VTEC 控制系统的工作可分为低速状态和高速状态两种情况。

1）低速状态。在发动机低速运转时，ECU 无指令，凸轮轴油道内没有机油压力，正时活塞、同步活塞和定位活塞在回位弹簧的作用下处于最左端。如图 3—2 所示，此时主摇臂上的正时板刚好卡入正时活塞，活塞无法移动，这时同步活塞 A、B 正好处于主摇臂和中间摇臂内，三个摇臂各自独立运动，互不干涉。

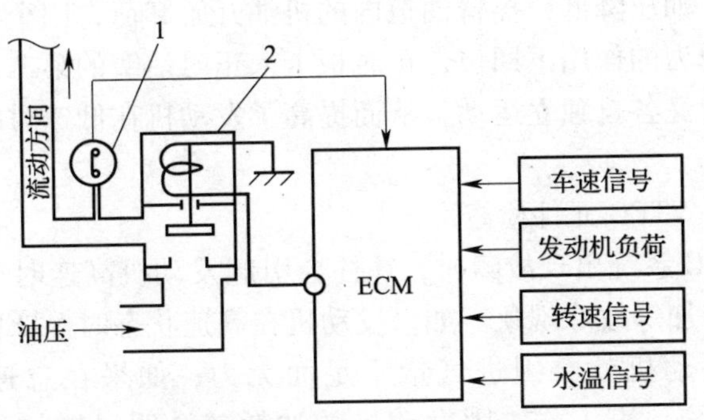

图 3—3　VTEC 控制系统

1—VTEV 油压开关　2—VTEC 电磁阀

两个进气门分别由主、次凸轮驱动，主摇臂驱动主气门，次摇臂驱动次气门。由于次凸轮升程小，次气门开度小，进气量很少，而主凸轮升程大，主气门开度大，进气量多，因而发动机处于低速状态运转时混合气量主要从主气门进入气缸。此时次气门也有较小的开度，主要为防止汽油积聚在次气门附近。同时中间摇臂受中间凸轮驱动要往复运动，但对气门动作无影响。

2）高速状态。随着发动机转速的升高，当转速超过 2 300 ~ 2 500 r/min，车速在 5 km/h 以上，水温在 5℃ 以上，发动机负荷达到一定程度时，发动机 ECM 就会向 VTEC 电磁阀供电以开启油道，将压力油注入到摇臂内油道的左侧，正时板移出，在气门关闭时使摇臂正时，压力油产生的压力就会推动正时活塞右移（见图 3—2），通过同步活塞 A、B 和定位活塞的作用，克服回位弹簧弹力，把三个摇臂贯穿起来，当正时板卡入正时活塞的第二道环后，发动机进入 VTEC 工作状态，此时两个进气门均由中间凸轮驱动。由于中间凸轮升程高，由该凸轮驱动的两个进气门的开启时间和升程均增加，增大了进气量，并调整气门重叠角，有效地提高了发动机高速时的输出功率和转矩。

当发动机转速下降时，ECU 就会断开 VTEC 电磁阀电源使油道关闭，油压降低，摇臂油道内的机油开始卸荷，四个活塞在回位弹簧弹力的作用下回位，正时板卡入正时活塞的第二道环，使三个摇臂又各自独立运动，从而提高了发动机在低速时的燃油经济性。

（3）VTEC 元件检修

VTEC 系统出现故障时，往往会引起发动机高速时工作无力或油耗增加等故障现象。如果发动机在高速状态时 VTEC 系统不工作，发动机就会因进气量不足而无力；如果在怠速状态时 VTEC 系统一直工作，则发动机的油耗就会明显增加。下面就 VTEC 系统主要的元件检修做简要叙述。

1）检查 VTEC 电磁阀。VTEC 电磁阀常见的故障现象有线圈断路、线圈短路、滤网堵塞、电磁阀柱塞运动不畅等。检修时从 VTEC 电磁阀上拆下连接器，测量电磁阀电阻，应为 14 ~ 30 Ω。把电磁阀从缸盖上拆下，检查滤网是否堵塞，若堵塞应进行清洁并更换机油。用手指推动电磁阀柱塞，应能自由运动，测量电磁阀连接导线与 ECM A4 端子应导通。

2）检查 VTEC 压力开关。VTEC 机械执行机构的运动是由压力油推动进行的，如果出现机油泵泵油能力不足、机油滤清器堵塞、油管破裂等故障导致油压过低时，发动机在高速运转时 VTEC 系统也不工作，所以应检查机油压力。当发动机转速超过 2 500 r/min 时，机油压力最低值为 250 kPa。从压力开关上拆下连接器，测量压力开关两接线端子之间的电阻。在发动机熄火时，压力开关应导通；发动机在 2 500 r/min 转速运转时，压力开关应断开。测量连接器棕/黑线与搭铁之间应导通，蓝/黑线与 ECM D6 端子之间也应导通。

3）检查摇臂。当机油压力正常，而发动机高速运转状态下 VTEC 系统不工作时，应检查摇臂。检查时拆下气门室盖，在压缩上止点时，用手推动三个摇臂应能独立自由动作，不应连锁。用 400 kPa 压力的压缩空气从检查油孔处注入，并堵住泄油孔，然后把正时板推高 2 ~ 3 mm，这时同步活塞应能把三个摇臂贯穿；不注入压缩空气时，三个摇臂又分开独立动作。此外，各电子元件的配线、连接器、机油品质、正时板等也是常见的故障部位，检修时也要特别留意。

2. 凌志 LS400 智能可变配气正时系统（简称 VVT－i）

VVT－i 系统用于控制进气门凸轮轴在 50°范围内调整凸轮轴转角，使配气正时满足优化控制发动机工作状态的要求，从而提高发动机在所有转速范围内的动力性、经济性和降低尾气的排放。

（1）VVT－i 系统的组成

图 3—4 所示的 VVT－i 系统由 VVT－i 控制器、凸轮轴正时控制阀和传感器三大部分组成。其中传感器有曲轴位置传感器、凸轮轴位置传感器和 VVT 传感器。

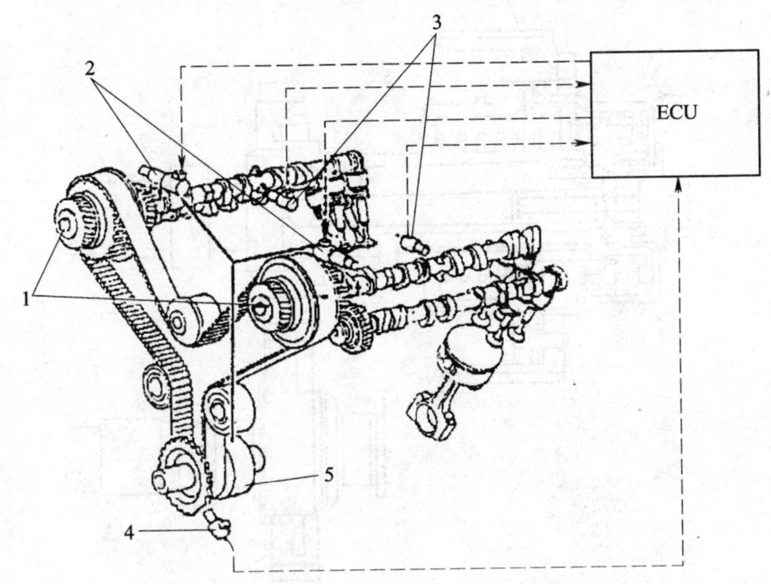

图 3—4　LS400 智能可变配气正时系统的组成

1—VVT－i 控制器　2—凸轮轴正时控制阀　3—VVT 传感器

4—曲轴位置传感器　5—机油泵

LS400 汽车发动机是 8 缸 V 型排列 4 气门式的，有两根进气凸轮轴和两根排气凸轮轴。在工作过程中，排气凸轮轴由凸轮轴齿形带轮驱动，其相对于齿形带轮的转角不变。曲轴位置传感器测量曲轴转角，向 ECU 提供发动机转速信号；凸轮轴位置传感器测量齿形带轮转角；VVT 传感器测量进气凸轮轴相对于齿形带轮的转角。它们的信号输入 ECU，ECU 根据转速和负荷的要求控制进气凸轮轴正时控制阀，控制 VVT－i 控制器使进气凸轮轴相对于齿形带轮旋转一个角度，达到进气门延迟关闭的目的，用以增大高速时的进气迟后角，从而提高充气效率。

（2）VVT－i 控制器的结构

VVT－i 控制器的结构如图 3—5 所示，它包括由正时带驱动

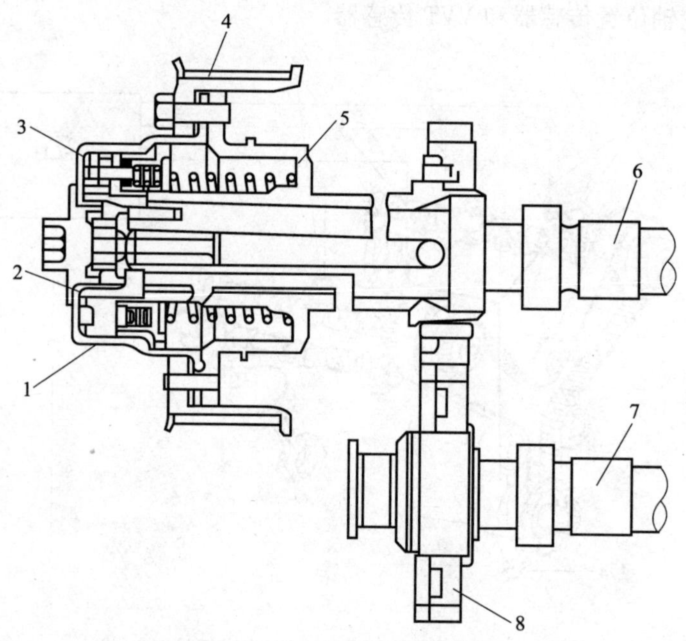

图 3—5　VVT－i 控制器的结构

1—外齿轮　2—内齿轮　3—可动活塞　4—正时带轮　5—外壳
6—进气凸轮轴　7—排气凸轮轴　8—剪式齿轮

的外齿轮与进气凸轮轴刚性连接的内齿轮，以及一个内齿轮、外齿轮之间的可动活塞。活塞的内、外表面上有螺旋形花键。活塞沿轴向的移动，会改变内、外齿轮的相对位置，从而产生配气相位的连续改变。

VVT－i 控制器的外壳通过安装在其后部的剪式齿轮驱动排气凸轮轴。

凸轮轴正时控制阀根据 ECU 的指令控制阀轴的位置，从而将油压施加给凸轮轴正时带轮以提前或推迟配气正时。发动机停机时，凸轮轴正时控制阀处于最延迟的位置，如图 3—6b 所示。

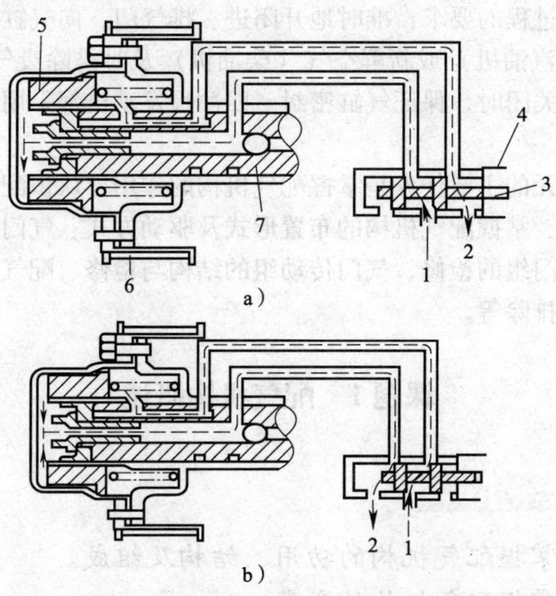

图 3—6　VVT－i 控制器的工作原理

1—压力油　2—出油口　3—阀轴　4—凸轮轴正时控制阀

5—可动活塞　6—正时带轮　7—进气凸轮轴

（3）VVT－i 控制器的工作原理

根据发动机 ECU 的指令，当凸轮轴正时控制阀位于图 3—6a 所示位置时，机油压力施加在活塞的左侧，使得活塞向右移动。

由于活塞上旋转花键的作用，进气凸轮轴相对于凸轮轴正时带轮提前某一个角度。

当凸轮轴正时控制阀位于图 3—6b 所示位置时，活塞向左移动，并向延迟的方向旋转。进而凸轮轴正时控制阀关闭油道，保持活塞两侧的压力平衡，从而保持配气相位，由此得到理想的配气正时。

四、教材分析和教学建议

配气机构是进、排气管道的控制机构，它按照气缸的工作顺序和工作过程的要求，准时地开闭进、排气门，向气缸供给可燃混合气（汽油机）或新鲜空气（柴油机）及时排除废气，当进、排气门均关闭时，保证气缸密封。四冲程发动机都采用气门式配气机构。

本单元的主要任务是掌握配气机构的作用、认识配气机构的结构组成、掌握配气机构的布置形式及驱动方式、气门组的机构认知、气门组的检修、气门传动组的结构与检修、配气机构的故障检测与排除等。

课题 1　配气机构概述

教学重点

1. 掌握配气机构的功用、结构及组成。
2. 掌握配气机构的分类。
3. 掌握配气机构的工作原理。

教学难点

配气机构的工作原理。

教学前准备

学生知识准备	1. 已学习过汽车发动机配气机构整体结构认知，掌握汽车维修工具的使用 2. 预习课题 1 配气机构概述	
场地要求	1. 能够容纳 20 名学生的汽车发动机理实一体化教室（约 100 m^2） 2. 投影仪一台 3. 配气机构挂图一份	
设备	名称	数量
	上海桑塔纳 JV 型汽车发动机台架	4
工具	名称	数量
	常用维修工具	4
耗材	清洁布若干、机油（备用）	

教学设计

讲授新课：配气机构概述。

步骤	教学内容	教学方法	教学手段	学生活动	时间分配
告知（教学内容、目的）	通过本课题的学习，掌握配气机构的功用、结构及组成和分类，重点掌握配气机构的工作原理，从而掌握对配气机构的结构认知	叙述	PPT		3 min
引入（任务）	任务：配气机构概述	叙述	PPT		2 min
教学内容（一）	配气机构的组成	讲授	PPT、实物演示		10 min

续表

步骤	教学内容	教学方法	教学手段	学生活动	时间分配
教学内容（二）	配气机构的分类	讲授	PPT		15 min
教学内容（三）	配气机构工作原理	讲授	实物演示		10 min
训练任务说明	1. 分组练习：每 5 人一组，分工合作进行项目练习 2. 分组操作时，注重培养学生团队友善协作意识和诚实守信原则，同时注意操作安全	叙述			5 min
训练	配气机构的结构认知	一体化	教师指导	认知	30 min
归纳总结	知识点： 1. 配气机构的功用、结构及组成 2. 配气机构的分类 3. 配气机构的工作原理 能力点： 使学生能够掌握配气机构的结构认知	讲授	PPT		5 min
课后作业	习题册： 单元三　配气机构 课题 1　配气机构概述				

课题 2　气门传动组

教学重点

1. 掌握气门传动组零件的结构及工作原理。

2. 能够对气门传动组零件进行拆装与检修。

教学难点

气门传动组零件的拆装与检修。

教学前准备

<table>
<tr><td rowspan="1">学生知识准备</td><td colspan="2">1. 已学习过汽车发动机配气机构的概述，了解配气机构的结构、工作原理，掌握汽车维修工具的使用
2. 预习课题2气门传动组</td></tr>
<tr><td>场地要求</td><td colspan="2">1. 能够容纳20名学生的汽车发动机理实一体化教室（约100 m²）
2. 投影仪一台
3. 气门传动组挂图一份</td></tr>
<tr><td rowspan="2">设备</td><td>名称</td><td>数量</td></tr>
<tr><td>上海桑塔纳JV型汽车发动机台架</td><td>4</td></tr>
<tr><td rowspan="3">工具</td><td>名称</td><td>数量</td></tr>
<tr><td>世达套筒</td><td>4</td></tr>
<tr><td>常用维修工具</td><td>4</td></tr>
<tr><td>耗材</td><td colspan="2">清洁布若干、机油（备用）、记号笔四支</td></tr>
</table>

教学设计

讲授新课：气门传动组。

步骤	教学内容	教学方法	教学手段	学生活动	时间分配
告知（教学内容、目的）	通过本课题的学习，掌握气门传动组的构造，使学生能够对气门传动组进行正确的拆装和检修	叙述	PPT		3 min

续表

步骤	教学内容	教学方法	教学手段	学生活动	时间分配
引入（任务）	任务：气门传动组	叙述	PPT		2 min
教学内容	气门传动组的构造	讲授	PPT、实物演示		35 min
训练任务说明	1. 分组练习：每5人一组，分工合作进行项目练习 2. 分组操作时，注重培养学生团队友善协作意识和诚实守信原则，同时注意操作安全	叙述			10 min
训练（一）	气门传动组的分解	一体化	教师指导	学生分组操作	30 min
训练（二）	气门传动组的检修： 1. 凸轮轴的修理 2. 凸轮轴轴承的修理 3. 气门挺杆与导孔的修理 4. 气门推杆的检修 5. 摇臂与摇臂轴的修理 6. 液压挺柱的检修 7. 齿形带的检查与调整 8. 正时链轮与链条的检查	一体化	教师指导	学生分组操作	120 min
训练（三）	气门传动组的装配	一体化	教师指导	学生分组操作	30 min

续表

步骤	教学内容	教学方法	教学手段	学生活动	时间分配
归纳总结	知识点： 气门传动组的构造 能力点： 1. 气门传动组的分解 2. 气门传动组的检修 3. 气门传动组的装配	讲授	PPT		10 min
课后作业	习题册： 单元三　配气机构 课题2　气门传动组 实训报告： 1. 气门传动组的分解 2. 气门传动组的检修 3. 气门传动组的装配				

课题3　气　门　组

教学重点

1. 掌握气门组零件的结构及工作原理。
2. 能够对气门组零件进行拆装与检修。

教学难点

气门组零件的拆装与检修。

教学前准备

学生知识准备	1. 已学习过汽车发动机配气机构的概述，了解配气机构的结构、工作原理，掌握汽车维修工具的使用 2. 预习课题 3 气门组	
场地要求	1. 能够容纳 20 名学生的汽车发动机理实一体化教室（约 100 m^2） 2. 投影仪一台	
设备	名称	数量
	上海桑塔纳 JV 型汽车发动机台架	4
工具	名称	数量
	桑塔纳专用工具	4
	塞尺	4
	外径千分尺	4
	游标卡尺	4
	百分表	4
耗材	清洁布若干、机油（备用）	

教学设计

讲授新课：气门组。

步骤	教学内容	教学方法	教学手段	学生活动	时间分配
告知（教学内容、目的）	通过本课题的学习，掌握气门组的构造，使学生能够对气门组进行正确的拆装和检修	叙述	PPT		3 min
引入（任务）	任务：气门组	叙述	PPT		2 min

续表

步骤	教学内容	教学方法	教学手段	学生活动	时间分配
教学内容	气门组的构造	讲授	PPT、实物演示		35 min
训练任务说明	1. 分组练习：每 5 人一组，分工合作进行项目练习 2. 分组操作时，注重培养学生团队友善协作意识和诚实守信原则，同时注意操作安全	叙述			10 min
训练（一）	气门组的分解	一体化	教师指导	学生分组操作	30 min
训练（二）	气门组的检修： 1. 气门杆磨损的检修 2. 气门杆弯曲的检修 3. 气门杆端面磨损的检修 4. 气门工作面磨损的检修 5. 气门座的检修 6. 气门弹簧的检修 7. 气门导管的检修 8. 气门间隙的调整	一体化	教师指导	学生分组操作	120 min
训练（三）	气门组的装配	一体化	教师指导	学生分组操作	30 min

续表

步骤	教学内容	教学方法	教学手段	学生活动	时间分配
归纳总结	知识点： 气门组的构造 能力点： 1．气门组的分解 2．气门组的检修 3．气门组的装配	讲授	PPT		10 min
课后作业	习题册： 单元三　配气机构 课题3　气门组 实训报告： 1．气门组的分解 2．气门组的检修 3．气门组的装配				

课题4　配气相位

教学重点

1．了解配气相位的定义、作用及工作原理。

2．掌握配气相位的检查与调整方法。

3．了解可变气门正时技术。

教学难点

配气相位的检查与调整方法。

教学前准备

<table>
<tr><td>学生知识准备</td><td colspan="2">1. 已学习过汽车发动机配气机构的概述，了解配气机构的结构、工作原理，掌握汽车维修工具的使用
2. 预习课题4 配气相位</td></tr>
<tr><td>场地要求</td><td colspan="2">1. 能够容纳20名学生的汽车发动机理实一体化教室（约100 m^2）
2. 投影仪一台</td></tr>
<tr><td rowspan="2">设备</td><td>名称</td><td>数量</td></tr>
<tr><td>上海桑塔纳JV型汽车发动机台架</td><td>4</td></tr>
<tr><td rowspan="5">工具</td><td>名称</td><td>数量</td></tr>
<tr><td>桑塔纳汽车专用工具VW2037</td><td>4</td></tr>
<tr><td>外径千分尺</td><td>4</td></tr>
<tr><td>百分表</td><td>4</td></tr>
<tr><td>塞尺</td><td>4</td></tr>
<tr><td>耗材</td><td colspan="2">清洁布若干、机油（备用）、纱布若干</td></tr>
</table>

教学设计

讲授新课：配气相位。

步骤	教学内容	教学方法	教学手段	学生活动	时间分配
告知（教学内容、目的）	通过本课题的学习，掌握进、排气门的配气相位，气门叠开等内容，使学生能够对配气相位进行正确的检查和调整	叙述	PPT		3 min
引入（任务）	任务：配气相位	叙述	PPT		2 min

续表

步骤	教学内容	教学方法	教学手段	学生活动	时间分配
教学内容（一）	进气门配气相位	讲授	PPT		30 min
教学内容（二）	排气门配气相位	讲授	PPT		25 min
教学内容（三）	气门叠开	讲授	PPT		20 min
训练任务说明	1. 分组练习：每5人一组，分工合作进行项目练习 2. 分组操作时，注重培养学生团队友善协作意识和诚实守信原则，同时注意操作安全	叙述			5 min
训练	配气相位的检查与调整	一体化	教师指导	学生分组操作	65 min
归纳总结	知识点： 1. 进气门配气相位 2. 排气门配气相位 3. 气门叠开 能力点： 能够对配气相位进行正确的检查与调整	讲授	PPT		10 min
课后作业	习题册： 单元三　配气机构 课题4　配气相位 实训报告：配气相位的检查与调整				

课题5 综合故障诊断与排除

教学重点

1. 熟悉配气机构故障的检测和诊断的基本知识。

2. 掌握配气机构常见故障的检测、诊断与排除方法。

教学难点

配气机构常见故障的检测、诊断与排除方法。

教学前准备

项目	内容	
学生知识准备	1. 已学习过汽车发动机配气机构的组成、结构和工作原理，掌握汽车维修工具的使用 2. 预习课题5 综合故障诊断与排除	
场地要求	1. 能够容纳20名学生的汽车发动机理实一体化教室（约100 m^2） 2. 投影仪一台	
设备	名称	数量
	上海桑塔纳JV型汽车发动机台架	4
工具	名称	数量
	常用维修工具	4
耗材	清洁布若干、机油（备用）	

教学设计

讲授新课：综合故障诊断与排除。

步骤	教学内容	教学方法	教学手段	学生活动	时间分配
告知（教学内容、目的）	通过本课题的学习，掌握配气机构的典型故障诊断和排除方法，使学生能够对配气机构进行故障诊断和排除	叙述	PPT		3 min
引入（任务）	任务：综合故障诊断与排除	叙述	PPT		2 min
训练任务说明	1. 分组练习：每 5 人一组，分工合作进行项目练习 2. 分组操作时，注重培养学生团队友善协作意识和诚实守信原则，同时注意操作安全	叙述			5 min
训练（一）	气门响故障诊断	一体化	教师指导	学生分组操作	45 min
训练（二）	气门座圈响故障诊断	一体化	教师指导	学生分组操作	45 min
训练（三）	气门挺杆响故障诊断	一体化	教师指导	学生分组操作	45 min
训练（四）	凸轮轴响故障诊断	一体化	教师指导	学生分组操作	45 min
训练（五）	正时齿轮响故障诊断	一体化	教师指导	学生分组操作	45 min

续表

步骤	教学内容	教学方法	教学手段	学生活动	时间分配
归纳总结	能力点：能够对配气机构进行故障诊断和排除	讲授	PPT		10 min
课后作业	习题册 单元三　配气机构 课题 5　综合故障诊断与排除 实训报告： 1. 故障诊断——气门响 2. 故障诊断——气门座圈响 3. 故障诊断——气门挺杆响 4. 故障诊断——凸轮轴响 5. 故障诊断——正时齿轮响				

五、相关资料和数据

常见车型配气相位参数见表 3—1。常见汽车发动机的气门间隙见表 3—2。

表 3—1　　**常见车型配气相位参数**

车型	发动机型号	进气		排气	
		进气提前角 α（°）	进气迟后角 β（°）	排气提前角 γ（°）	排气迟后角 δ（°）
夏利 TJ7100U	3 760	19	51	51	19
桑塔纳 LX	JV	10	37	42	2
奥迪 100	JW	3	41	33	5
东风 EQ1092		20	56	38.5	20.5
CA1092	CA6102	15	45	45	15

续表

车型	发动机型号	进气		排气	
		进气提前角 α（°）	进气迟后角 β（°）	排气提前角 γ（°）	排气迟后角 δ（°）
BJ2021	1－4	12	78	56	34
依维柯	8 140.07	8	48	48	8
依维柯	8 140.27	8	37	48	8
康明斯 B 系	康明斯 B 系	10	30	58	10

表 3—2　　　　常见汽车发动机的气门间隙　　　　（mm）

发动机型号	进气门		排气门	
	热车	冷车	热车	冷车
解放 CA6102	—	0.20～0.30	—	0.20～0.30
东风 EQ6100－1	—	0.20～0.25	—	0.20～0.25
一汽奥迪 100	0.20～0.30	0.15～0.25	0.40～0.50	0.35～0.45
上海桑塔纳	0.25±0.05	0.20±0.05	0.45±0.05	0.45±0.05
南京依维柯	—	0.50	—	0.50
天津大发 TJ7100	0.20	—	0.20	—
康明斯 B 系列	0.25±0.05	0.25±0.05	0.20±0.13	0.20±0.13

六、技能鉴定参考试卷

项目一　桑塔纳 JV 型发动机气门组的拆装

（一）试题类型

拆装。

（二）考核时间

30 min。

（三）考核方法

现场实物操作。

（四）技术要求及操作步骤

1. 技术要求

（1）要求气门组各零件按原位装入。

（2）装气门油封的时候要涂抹润滑油。

2. 操作步骤

（1）将拆下发动机外围附件的气缸盖置于工作台上。

（2）取出液压挺柱，按顺序摆放或在内壁上做出标记。

（3）用气门弹簧拆装钳和镊子拆下气门锁片、气门弹簧座、气门弹簧及进排气门，各机件按顺序摆放或做出标记，不得错乱。

（4）用专用工具 VW3047 拆下气门杆油封。

（5）把气缸盖倒置，用外径略大于气门导管内径的铜冲冲出气门导管。

（6）装配的顺序与之相反。

（五）考前准备

1. 工具准备

桑塔纳专用工具、气门弹簧拆装钳、镊子、铜冲。

2. 考件准备

桑塔纳 JV 型发动机。

（六）考核要求

能正确拆装配气机构的气门组。

（七）注意事项

1. 零件装配前必须清洗。

2. 各零件必须按原位装入。

3. 装配油封一定要涂抹润滑油。

4. 各紧固件必须按规定的顺序和拧紧力矩拧紧。

（八）配分、评分标准

序号	作业项目	考核内容	配分	评分标准	评分记录	扣分	得分
1	拆装	气门组的拆装	55	1. 零件没有按原位装入扣25分 2. 拆装方法不正确扣15分 3. 拆装结果不正确扣10分 4. 拆装不熟练扣5分			
2	清洗	零件清洗	20	没有清洗零件扣20分			
3	安全文明生产	1. 正确使用工具、仪器 2. 遵循安全规程，操作现场整洁	15	1. 违反安全操作规程，按不及格处理 2. 工具使用不当，零件、工具落地，一次扣2分 3. 人为导致机件损坏扣5分，损坏两处以上按不及格处理，因操作不当发生重大事故按0分计			
4	操作时间	时间30 min	10	1. 在规定时间内完成不扣分，每超1 min扣2分 2. 超出规定时间6 min，按不及格处理			
5	分数总计		100				

项目二　气门座的检修

（一）试题类型

检修。

（二）考核时间

30 min。

（三）考核方法

现场实物操作。

（四）技术要求及操作步骤

1. 技术要求

（1）气门要与气门座密封。

（2）气门座满足密封性试验要求。

2. 操作步骤

气门座磨损是由于冲击负荷引起塑性变形，同时还受高温气体烧蚀，使气门座工作面宽度增大，表面出现斑点、凹陷，造成气门关闭不严而漏气。一般采用对气门座进行铰削和磨削的方式予以修复。

（1）气门座的铰削

1）选择铰刀和铰刀导杆。根据气门直径和导管内径来选择合适的铰刀和铰刀导杆。

2）砂磨硬化层。铰削时，铰刀会在气门座硬化层上打滑，可用1号砂布垫在铰刀下面砂磨硬化层。

3）粗铰时，铰刀导杆应直立，两手用力要均衡，转动要平稳，直到将烧蚀、斑点等缺陷铰去为止。

4）用45°精刃铰刀精铰或在铰刀下垫细纱布进行光磨，以达到表面粗糙度要求。

（2）气门座的研磨

若气门、气门座、气门导管经修理后达到规定标准，则不需要研磨；若达不到标准，可采用研磨，使气门与气门座的工作面获得良好配合。气门座研磨的方法分为机动和手工两种。

（五）考前准备

1. 工具准备

铰刀、砂布、桑塔纳专用工具。

2. 考件准备

桑塔纳 JV 型发动机。

（六）考核要求

1. 气门座无烧蚀、斑点等。

2. 气门、气门座、气门导管能够达到修理要求，能满足密封性试验。

（七）注意事项

1. 注意铰刀的选择，根据气门直径和导管内径来选择合适的铰刀和铰刀导杆。

2. 注意铰削、研磨的方法。

（八）配分、评分标准

序号	作业项目	考核内容	配分	评分标准	评分记录	扣分	得分
1	工具选择	铰刀的选择	20	铰刀选择不正确扣20分			
2	检修1	气门座铰削	40	1. 铰削不熟练扣5分 2. 铰削方法不正确扣20分 3. 铰削结果不正确扣15分			
3	检修2	研磨	20	1. 如果能达到标准不用研磨，如果达不到标准却没有研磨的扣20分 2. 研磨方法不正确扣10分 3. 研磨结果不正确扣10分			

续表

序号	作业项目	考核内容	配分	评分标准	评分记录	扣分	得分
4	安全文明生产	1. 正确使用工具、仪器 2. 遵循安全规程，操作现场整洁 3. 文明操作	10	1. 违反安全操作规程，按不及格处理 2. 工具使用不当，零件、工具落地，一次扣2分 3. 人为导致机件损坏扣5分，损坏两处以上，按不及格处理，因操作不当发生重大事故，按0分计			
5	操作时间	时间30 min	10	1. 在规定时间内完成不扣分，每超1 min扣2分 2. 超出规定时间6 min，按不及格处理			
6	分数总计		100				

项目三　CA6102型发动机气门间隙调整

（一）试题类型

调整。

（二）考核时间

20 min。

（三）考核方法

现场实物操作。

（四）技术要求和标准及操作步骤

1．技术要求

CA6102 型发动机的气门间隙为 0. 20 ~ 0. 30 mm。

2．操作步骤

（1）摇转曲轴使第一缸活塞处于压缩行程上止点位置，同时注意飞轮上的标记与飞轮壳上的刻度线对齐。

（2）用扳手拧松第一个气门调整螺钉上的锁紧螺母。

（3）将符合气门间隙的塞尺插入气阀杆尾端与摇臂头部之间。

（4）用起子转动调整螺钉，使摇臂将塞尺轻轻压住，直到拉动塞尺稍感到阻力为止。

（5）将调整螺钉的锁紧螺母拧紧。

（6）以同样的方法依次调整好 1、2、4、5、8、9（从前至后）中其他 6 个气门的气门间隙。

（7）将曲轴转 360°使飞轮上的标记与飞轮壳上的刻度线对齐，使第六缸处于压缩行程的上止点。

（8）用同样的方法调整 3、6、7、10、11、12（从前至后）这 6 个气门的气门间隙。

（五）考前准备

1．工具准备

常用工具、塞尺。

2．考件准备

CA6102 型发动机。

（六）考核要求

气门间隙符合要求。

（七）注意事项

注意飞轮上的标记与飞轮壳上的刻度线对齐。

（八）配分、评分标准

序号	作业项目	考核内容	配分	评分标准	评分记录	扣分	得分
1	调整	调整气门间隙	80	1. 调整方法不正确扣30分 2. 调整结果不正确扣30分 3. 调整不熟练扣20分			
2	安全文明生产	1. 正确使用工具、仪器 2. 遵循安全规程，操作现场整洁 3. 文明操作	10	1. 违反安全操作规程，按不及格处理 2. 工具使用不当，零件、工具落地，一次扣2分 3. 人为导致机件损坏扣5分，损坏两处以上按不及格处理，因操作不当发生重大事故按0分计			
3	操作时间	时间30 min	10	1. 在规定时间内完成不扣分，每超1 min扣2分 2. 超出规定时间6 min，按不及格处理			
4	分数总计		100				

单元四　电子控制汽油喷射系统

一、教学目标

1. 了解电控发动机的发展历程。
2. 掌握可燃混合气形成及浓度的定义。
3. 掌握电子控制汽油喷射系统的基本组成及工作原理。
4. 掌握电控发动机空气供给系统的功用。
5. 掌握电控发动机空气供给系统的结构及组成。
6. 掌握电控发动机空气供给系统各主要部件的工作原理。
7. 掌握电控发动机燃油供给系统的功用。
8. 掌握电控发动机燃油供给系统的结构及组成。
9. 掌握电控发动机燃油供给系统各主要部件的工作原理。
10. 掌握电控单元的作用和组成。
11. 掌握各类传感器的性能及检测方法。

二、学时分配

教学内容	总学时	理论学时	实习学时
课题1　电子控制汽油喷射系统概述	2	2	0
课题2　电控发动机空气供给系统	16	2	14
课题3　电控发动机燃油供给系统	14	2	12
课题4　电子控制系统	12	2	10

三、补充教学资料

1. 废气再循环控制（EGR）系统

EGR 是发动机在工作过程中，将一部分废气引到吸入的新鲜空气（或混合气）中返回气缸进行再循环的方法。该方法被广泛用于降低 NO_x 的排放量。因为废气是惰性气体，在燃烧过程中，废气吸收热量，这样将降低最高燃烧温度，也减少了 NO_x 的生成量，因为 NO_x 主要是在高温富氧的条件下生成的。

但是过度的废气再循环将会影响发动机的正常运行，特别是在怠速、低转速小负荷及发动机处于冷态运行时，再循环的废气将会明显降低发动机的性能。因此，应根据发动机工况及工作条件的变化自动调整参与再循环的废气量。根据发动机结构不同，进入进气歧管的废气量一般在 6% ~13% 之间变化。

在 EGR 系统中，通过一个特殊的通道将排气歧管与进气歧管连通。在该通道上装有 EGR 阀，通过控制 EGR 阀的开度来控制废气再循环的废气量。EGR 阀的开启或关闭是由阀上方的真空室的真空度控制，而真空度则由受计算机控制的 EGR 真空电磁阀控制。

其工作过程是：在发动机工作时，计算机根据发动机转速、空气流量、进气管压力、温度等信号控制 EGR 电磁线圈通电时间的长短来控制进入 EGR 阀真空室上方的空气量，从而控制 EGR 阀的开度来改变参与再循环的废气量。

图 4—1 所示为 EGR 控制系统的组成，包括废气再循环控制阀 EGR 阀，以及控制 EGR 阀开度的 EGR 真空电磁阀、CVC 阀。在 EGR 阀上部还有 EGR 位置传感器，其功用是检测 EGR 阀的开度位置，并利用电位计将其位置转变为相应的电压信号，反馈给计算机，作为控制废气再循环的参考信号。

图 4—2 所示为装有背压修正阀的 EGR 废气再循环系统。在 EGR 真空电磁阀与 EGR 阀之间的真空管路中装有背压修正阀。其功用是根据排气歧管中的背压，附加控制废气再循环。当发动

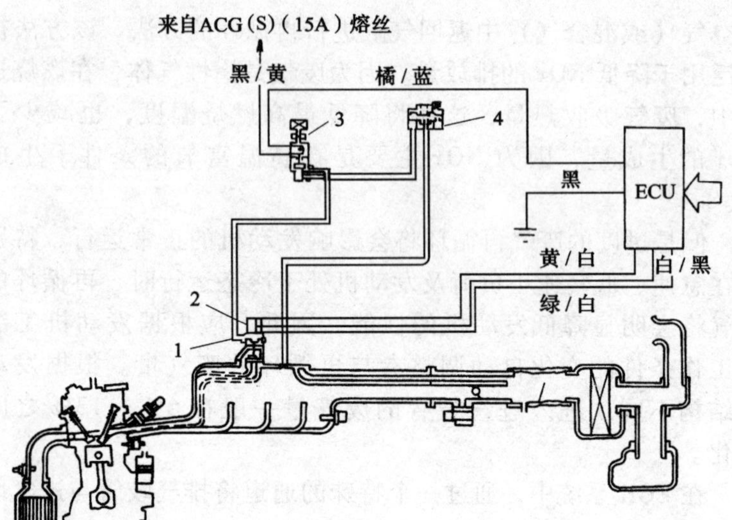

图4—1　EGR控制系统

1—EGR阀　2—EGR位置传感器　3—EGR真空电磁阀　4—CVC阀

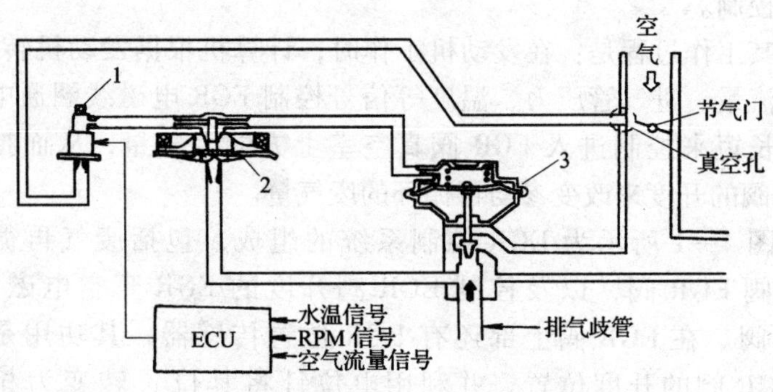

图4—2　装有背压修正阀的EGR废气再循环系统

1—EGR真空电磁阀　2—背压修正阀　3—EGR阀

机在小负荷排气背压低时，背压修正阀保持EGR阀处于关闭状态，不进行废气再循环；只有在发动机负荷增大、排气歧管背压增大时，背压修正阀才允许EGR阀打开，进行废气再循环。

排气歧管的背压通过管路作用在背压修正阀的背压气室下方。当发动机小负荷排气背压低时，在阀门弹簧的作用下气室膜片向下移动，使修正阀门关闭真空通道。此时EGR阀在其阀门弹簧作用下保持关闭，因而不进行废气再循环。

当发动机负荷增大、排气歧管背压升高时修正阀背压气室下方的背压升高，使膜片克服弹簧弹力向上运动将修正阀打开。由EGR真空电磁阀控制的真空通过背压修正阀而进入EGR阀上方真空气室，将EGR阀吸开，废气再循环通道打开，废气进行再循环。EGR真空电磁阀受计算机控制。计算机根据发动机转速、进气压力、冷却水温度、空气流量等信号来控制EGR真空电磁阀的开度，从而控制进入EGR阀的真空度，即控制EGR阀的开度，改变参与再循环的废气量。

2. 燃油蒸气排放控制系统

为了防止燃油箱向大气排放燃油蒸气而产生的污染，在发动机控制系统中普遍采用了由计算机控制的活性炭罐蒸发污染的控制装置。

图4—3所示为活性炭罐蒸发污染控制装置。图中油箱的燃油蒸气通过单向阀进入活性炭罐上部，空气从炭罐下部进入清洗活性炭。在炭罐右上方有一定量排放小孔及受真空控制的排放控制阀；排放控制阀上部的真空度由炭罐控制电磁阀控制，而炭罐控制电磁阀受计算机控制。

发动机工作时，计算机根据发动机转速、温度、空气流量等信号，控制炭罐电磁阀的开闭来控制排放控制阀上部的真空度，从而控制排放控制阀的开度。当排放控制阀打开时，燃油蒸气通过排放控制阀被吸入进气歧管。

国外有些汽车的燃油箱中产生的燃油蒸气并不是自然通向大气扩散，而是进入进气管内，这样可以有效地制止未燃烧的HC

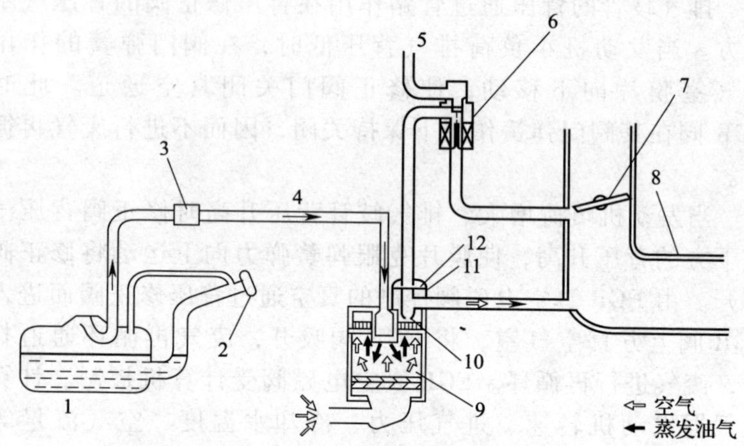

图 4—3 活性炭罐蒸发污染控制装置

1—油箱 2—油箱盖附真空泄放阀 3—燃料单向阀 4—蒸气通气管路 5—接缓冲器 6—EGR 炭罐控制电磁阀 7—节气流孔 8—进气歧管 9—活性炭罐 10—定量排放小孔 11—排放控制阀 12—主节气门室

的蒸发排放。系统中设有一个专用电磁阀。电子控制器根据发动机的工况，控制电磁阀来操纵活性炭罐的开与闭。

3. 动力阀控制系统

在有些发动机上采用动力阀控制系统，根据发动机的不同负荷，改变进气流量以改善发动机的动力性能。图 4—4 所示为由 ECU 控制的动力阀控制系统。受真空控制的动力阀装在进气管上，控制进气管空气通道的大小。当发动机负荷增大时，ECU 根据转速、温度、空气流量等信号将真空电磁阀电路接通，真空电磁阀打开，真空室的真空度进入动力阀，将动力阀打开，进气通道变大，发动机输出大的转矩与功率，如图 4—4a 所示。发动机小负荷运转时，受 ECU 控制的真空电磁阀关闭，真空室的真空度不能进入动力阀上部的真空气室，动力阀关闭，进气通道变小，发动机输出小功率，如图 4—4b 所示。

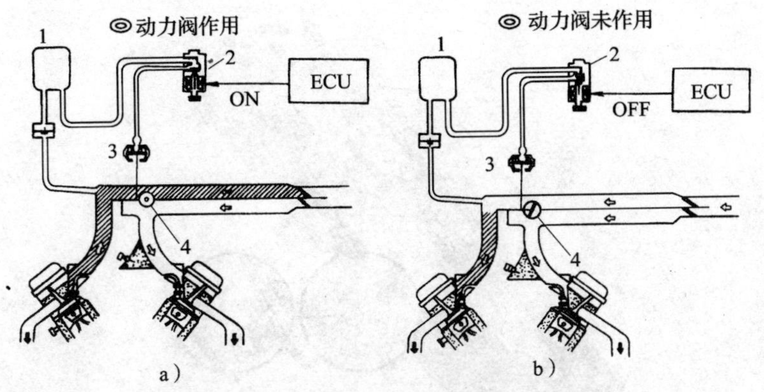

图 4—4　ECU 控制的动力阀控制系统

1—真空室　2—真空源电磁阀　3—单向阀　4—动力阀

4. 三元催化

三元催化器是安装在汽车排气系统中最重要的机外净化装置，它可将汽车排出的 CO、HC 和 NOx 等有害气体通过氧化和还原作用转变为无害的二氧化碳、水和氮气。当高温的汽车尾气通过净化装置时，三元催化器中的净化剂将增强 CO、HC 和 NOx 三种气体的活性，促使其进行一定的氧化 - 还原化学反应，其中 CO 在高温下氧化成为无色、无毒的二氧化碳气体；HC 化合物在高温下氧化成水（H_2O）和二氧化碳；NOx 还原成氮气和氧气。三种有害气体变成无害气体，使汽车尾气得以净化。

图 4—5 所示为三元催化的工作原理。由于这种催化器可同时将废气中的三种主要有害物质转化为无害物质，故称为三元催化器。鉴于三元催化器早期失效的原因，使用时应注意以下事项。

（1）不要用含铅汽油。

（2）不要长期急速运转（开环控制状态）。

（3）不要让发动机转速忽快忽慢。

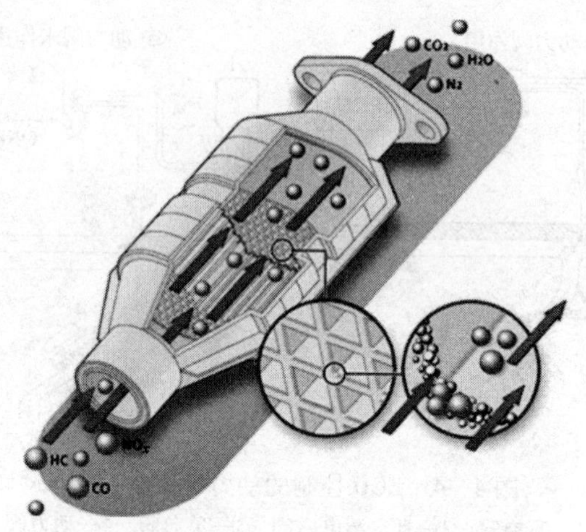

图 4—5　三元催化的工作原理

（4）点火时间不要太迟。

（5）不要长时间启动。

（6）不要长时间拔出高压线试火。

（7）测量气缸压力时，要拔下燃油泵的中控接头，从而能停止喷油器向气缸内喷油。

（8）发现有气缸工作不良时，应及时停车检查、排除故障。

（9）避免混合气偏浓的诸多因素，如喷油器关闭不严、燃油压力调节器失效（油压过高）、氧传感器失效、空气流量传感器失效等。

（10）催化转化器只要正确使用一般不需要维护，故不要随便拆卸，如需更换时一定要与发动机匹配。

四、教材分析和教学建议

电子控制汽油喷射系统是发动机非常重要的一个系统，是发动机集中控制的核心内容，燃烧质量的好坏直接影响发动机的性能，而且这一系统的故障率很高，本单元教学重点是电子控制汽油喷射装置的基本组成和工作原理、电子控制汽油喷射装置中主要部件的检修知识；难点是电子控制汽油燃油喷射装置中各传感器、执行器的波形分析，电控系统的故障诊断与排除。

课题1　电子控制汽油喷射系统概述

教学重点

1. 了解电控发动机的发展历程。
2. 掌握可燃混合气的形成及浓度定义。
3. 掌握电子控制汽油喷射系统的基本组成及工作原理。

教学难点

电子控制汽油喷射系统的基本组成及工作原理。

教学前准备

<table>
<tr><td>学生知识准备</td><td colspan="2">1. 已学习过汽车电子控制汽油喷射系统整体结构认知
2. 预习课题1电子控制汽油喷射系统概述</td></tr>
<tr><td>场地要求</td><td colspan="2">1. 能够容纳20名学生的汽车发动机理实一体化教室（约100 m^2）
2. 投影仪一台
3. 电子控制汽油喷射系统挂图一份</td></tr>
<tr><td rowspan="2">设备</td><td>名称</td><td>数量</td></tr>
<tr><td>无</td><td>无</td></tr>
<tr><td rowspan="2">工具</td><td>名称</td><td>数量</td></tr>
<tr><td>无</td><td>无</td></tr>
<tr><td>耗材</td><td colspan="2">无</td></tr>
</table>

讲授新课：电子控制汽油喷射系统概述。

步骤	教学内容	教学方法	教学手段	学生活动	时间分配
告知（教学内容、目的）	通过本课题的学习，了解电控发动机的发展历程，掌握电子控制汽油喷射系统的基本组成及工作原理，重点掌握电子控制汽油喷射系统的组成和工作原理	叙述	PPT		3 min
引入（任务）	任务：电子控制汽油喷射系统概述	叙述	PPT		2 min
教学内容（一）	电控发动机的发展历程	讲授	PPT		20 min
教学内容（二）	可燃混合气的形成及浓度	讲授	PPT		20 min
教学内容（三）	电控发动机的基本组成	讲授	PPT		20 min
教学内容（四）	电控发动机的基本工作原理	讲授	PPT		10 min
归纳总结	知识点： 1．了解电控发动机的发展历程 2．掌握可燃混合气的形成及浓度定义 3．掌握电子控制汽油喷射系统的基本组成及工作原理	讲授	PPT		5 min
课后作业	习题册： 单元四　电子控制汽油喷射系统 课题1　电子控制汽油喷射系统概述				

课题2　电控发动机空气供给系统

教学重点

1. 掌握电控发动机空气供给系统的功用。

2. 掌握电控发动机空气供给系统的结构及组成。

3. 掌握电控发动机空气供给系统各主要部件的工作原理。

教学难点

电控发动机空气供给系统各主要部件的工作原理。

教学前准备

<table>
<tr><td>学生知识准备</td><td colspan="2">1. 已学习过汽车电子控制汽油喷射系统的结构认知，掌握汽车常用维修工具的使用
2. 预习课题2 电控发动机空气供给系统</td></tr>
<tr><td>场地要求</td><td colspan="2">1. 能够容纳20名学生的汽车发动机理实一体化教室（约100 m^2）
2. 投影仪一台</td></tr>
<tr><td rowspan="2">设备</td><td>名称</td><td>数量</td></tr>
<tr><td>上海桑塔纳JV型汽车发动机台架</td><td>4</td></tr>
<tr><td rowspan="3">工具</td><td>名称</td><td>数量</td></tr>
<tr><td>万用表</td><td>4</td></tr>
<tr><td>常用维修工具</td><td>4</td></tr>
<tr><td>耗材</td><td colspan="2">清洁布若干、机油（备用）</td></tr>
</table>

讲授新课：电控发动机空气供给系统。

步骤	教学内容	教学方法	教学手段	学生活动	时间分配
告知（教学内容、目的）	通过本课题的学习，掌握电控发动机空气供给系统的结构及各部件的工作原理，使学生能够对空气供给系统各主要部件进行正确的检修	叙述	PPT		3 min
引入（任务）	任务：电控发动机空气供给系统	叙述	PPT		2 min
教学内容（一）	空气供给系统的组成	讲授	PPT、实物演示		20 min
教学内容（二）	空气滤清器	讲授	PPT、实物演示		15 min
教学内容（三）	空气计量装置	讲授	PPT、实物演示		20 min
教学内容（四）	节气门体	讲授	PPT、实物演示		10 min
教学内容（五）	进气温度传感器	讲授	PPT、实物演示		10 min
训练任务说明	1. 分组练习：每5人一组，分工合作进行项目练习 2. 分组操作时，注重培养学生团队友善协作意识和诚实守信原则，同时注意操作安全	叙述			10 min

续表

步骤	教学内容	教学方法	教学手段	学生活动	时间分配
训练（一）	空气计量装置的检查： 1. 空气流量计 2. 进气压力传感器	一体化	教师指导	学生分组操作	180 min
训练（二）	桑塔纳 2000 节气门控制组件的检测	一体化	教师指导	学生分组操作	170 min
训练（三）	桑塔纳 2000 进气温度传感器的检测	一体化	教师指导	学生分组操作	180 min
归纳总结	知识点： 1. 掌握电控发动机空气供给系统的功用 2. 掌握电控发动机空气供给系统的结构及组成 3. 掌握电控发动机空气供给系统各主要部件的工作原理 能力点： 能够对电控发动机空气流量装置和进气温度传感器进行正确的检修	讲授	PPT		20 min
课后作业	习题册： 单元四　电子控制汽油喷射系统 课题 2　电控发动机空气供给系统 实训报告： 1. 空气计量装置的检查 2. 桑塔纳 2000 节气门控制组件的检测 3. 桑塔纳 2000 进气温度传感器的检测				

课题 3　电控发动机燃油供给系统

教学重点

1. 掌握电控发动机燃油供给系统的功用。

2. 掌握电控发动机燃油供给系统的结构及组成。

3. 掌握电控发动机燃油供给系统各主要部件的工作原理。

教学难点

燃油供给系统各主要部件的检测。

教学前准备

<table>
<tr><td>学生知识准备</td><td colspan="2">1. 已学习过汽车电子控制汽油喷射系统的结构认知，掌握汽车常用维修工具的使用
2. 预习课题 3 电控发动机燃油供给系统</td></tr>
<tr><td>场地要求</td><td colspan="2">1. 能够容纳 20 名学生的汽车发动机理实一体化教室（约 100 m^2）
2. 投影仪一台</td></tr>
<tr><td rowspan="2">设备</td><td>名称</td><td>数量</td></tr>
<tr><td>上海桑塔纳 JV 型汽车发动机台架</td><td>4</td></tr>
<tr><td rowspan="4">工具</td><td>名称</td><td>数量</td></tr>
<tr><td>世达套筒</td><td>4</td></tr>
<tr><td>万用表</td><td>4</td></tr>
<tr><td>常用维修工具</td><td>4</td></tr>
<tr><td>耗材</td><td colspan="2">清洁布若干、机油（备用）</td></tr>
</table>

教学设计

讲授新课：电控发动机燃油供给系统。

步骤	教学内容	教学方法	教学手段	学生活动	时间分配
告知（教学内容、目的）	通过本课题的学习，掌握电控发动机燃油供给系统的组成及功用，使学生能够对燃油供给系统各主要部件进行正确的检测	叙述	PPT		3 min
引入（任务）	任务：电控发动机燃油供给系统	叙述	PPT		2 min
教学内容（一）	燃油泵	讲授	PPT		20 min
教学内容（二）	燃油压力调节器	讲授	PPT		20 min
教学内容（三）	喷油器	讲授	PPT		35 min
训练任务说明	1. 分组练习：每 5 人一组，分工合作进行项目练习 2. 分组操作时，注重培养学生团队友善协作意识和诚实守信原则，同时注意操作安全	叙述			10 min
训练（一）	燃油泵的单体检查及更换	一体化	教师指导	学生分组操作	150 min
训练（二）	燃油压力调节器的检查和油压测试	一体化	教师指导	学生分组操作	160 min

续表

步骤	教学内容	教学方法	教学手段	学生活动	时间分配
训练（三）	喷油器的检测	一体化	教师指导	学生分组操作	150 min
归纳总结	知识点： 1. 掌握电控发动机燃油供给系统的功用 2. 掌握电控发动机燃油供给系统的结构及组成 3. 掌握电控发动机燃油供给系统各主要部件的工作原理 能力点： 能够对燃油供给系统各主要部件进行正确的检测	讲授	PPT		10 min
课后作业	习题册： 单元四　电子控制汽油喷射系统 课题3　电控发动机燃油供给系统 实训报告： 1. 燃油泵的单体检查及更换 2. 燃油压力调节器的检查和油压测试 3. 喷油器的检测				

课题4　电子控制系统

教学重点

1. 掌握电控单元的作用和组成。
2. 掌握各类传感器的性能及检测方法。

教学难点

各类传感器的性能及检测方法。

教学前准备

<table>
<tr><td>学生知识准备</td><td colspan="2">1．已学习过汽车电子控制汽油喷射系统的结构认知，掌握汽车常用维修工具的使用
2．预习课题4 电子控制系统</td></tr>
<tr><td>场地要求</td><td colspan="2">1．能够容纳20名学生的汽车发动机理实一体化教室（约100 m²）
2．投影仪一台</td></tr>
<tr><td rowspan="2">设备</td><td>名称</td><td>数量</td></tr>
<tr><td>上海桑塔纳JV型汽车发动机台架</td><td>4</td></tr>
<tr><td rowspan="4">工具</td><td>名称</td><td>数量</td></tr>
<tr><td>世达套筒</td><td>4</td></tr>
<tr><td>万用表</td><td>4</td></tr>
<tr><td>常用维修工具</td><td>4</td></tr>
<tr><td>耗材</td><td colspan="2">清洁布若干、机油（备用）</td></tr>
</table>

教学设计

讲授新课：电子控制系统。

步骤	教学内容	教学方法	教学手段	学生活动	时间分配
告知（教学内容、目的）	通过本课题的学习，掌握电控单元的作用和组成以及各传感器的性能，使学生能够对电子控制系统的各类传感器和执行器的进行正确检测	叙述	PPT		3 min

续表

步骤	教学内容	教学方法	教学手段	学生活动	时间分配
引入（任务）	任务：电子控制系统	叙述	PPT		2 min
教学内容（一）	电子控制系统的组成	讲授	PPT		20 min
教学内容（二）	电控单元	讲授	PPT		20 min
教学内容（三）	传感器的概述和分类	讲授	PPT、实物演示		35 min
训练任务说明	1. 分组练习：每5人一组，分工合作进行项目练习 2. 分组操作时，注重培养学生团队友善协作意识和诚实守信原则，同时注意操作安全	叙述			10 min
训练（一）	水温传感器检测	一体化	教师指导	学生分组操作	90 min
训练（二）	霍尔式曲轴位置传感器检测	一体化	教师指导	学生分组操作	100 min
训练（三）	爆燃传感器检测	一体化	教师指导	学生分组操作	100 min
训练（四）	氧传感器检测	一体化	教师指导	学生分组操作	90 min

续表

步骤	教学内容	教学方法	教学手段	学生活动	时间分配
归纳总结	知识点： 1. 掌握电控单元的作用和组成 2. 掌握各类传感器的性能 能力点： 能够对电子控制系统的各类传感器进行正确的检测	讲授	PPT		10 min
课后作业	习题册： 单元四　电子控制汽油喷射系统 课题4　电子控制系统 实训报告： 1. 水温传感器检测 2. 霍尔式曲轴位置传感器检测 3. 爆燃传感器检测 4. 氧传感器检测				

五、相关资料和数据

可燃混合气浓度对发动机工作的影响见表4—1。发动机各工况对混和气浓度的要求见表4—2。不同车型的怠速及油耗见表4—3。汽油机压缩比与辛烷值的关系见表4—4。桑塔纳2000GLi型电喷发动机组件的检测步骤与项目（未接ECU）见表4—5，桑塔纳2000GLi型电喷发动机组件的检测步骤（接ECU）见表4—6。桑塔纳2000GSi型电喷发动机线路的检测步骤（未接ECU）见表4—7，桑塔纳2000GSi型电喷发动机组件检测步骤（接ECU）见表4—8。桑塔纳2000GSi型电喷发动机汽油供给系统数据见表4—9，AJR型发动机故障码见表4—10。

表 4—1　　可燃混合气浓度对发动机工作的影响

混合气	过量空气系数 α	发动机功率 P_e	油耗率 g_e	发动机工作情况
火焰传播下限	0.4	—	—	混合气不燃烧发动机不工作
过浓混合气	0.43～0.88	减小	显著增加	排气管冒黑烟、放炮、排气污染严重
稍浓混合气	0.85～0.95	最大	增大 18%	—
理论混合气	1	减小 2%	增大 4%	—
稍稀混合气	1.05～1.15	减小 8%	最小	加速性能变坏
过稀混合气	1.13～1.33	显著减小	显著增大	化油器回火、加速性能变坏
火焰传播下限	1.4	—	—	混合气不能燃烧、发动机不工作

表 4—2　　发动机各工况对混合气浓度的要求

工况	状态特征	对混合气浓度的要求
起动工况	冷车启动，曲轴转速慢（50～100 r/min），发动机温度低，流经化油器气流流速小，汽油雾化、蒸发不良，大量汽油处于油粒和油膜状态，只有极少量已挥发的燃油气化进入气缸	必须供给多而浓的混合气（a = 0.2～0.6），以保证有足够的燃油气化，形成恰当浓度的混合气，从而利于顺利着火
怠速工况	节气门开度小，进气量少，发动机转速低（300～700 r/min），汽油雾化、蒸发条件仍很差	需要少而浓的混合气（a =0.6～0.8），以提高燃烧速度，保证发动机能稳定运转

续表

工况	状态特征	对混合气浓度的要求
中小负荷工况	小负荷工况时，发动机输出功率小，节气门开度小，进入气缸的混合气数量少，气缸残留废气比例高 中等负荷是发动机工作时间最长的状态，节气门开度适中，转速较高，汽油雾化、蒸发良好	需要稍浓混合气（a = 0.7 ~ 0.9），以利于燃烧 需要稍稀混合气（a = 0.9 ~ 1.1），以保证获得一定的动力性和最佳经济性
大负荷、全负荷工况	汽车需要克服很大的阻力，节气门开度已达85%以上，进气量很多	需要多而浓的混合气（a =0.85 ~ 0.95），以利于迅速燃烧产生最大动力
加速工况	节气门突然开大，要求发动机转速迅速提高，由于空气流量比汽油喷出量增长快得多，此时不仅不能加速，甚至会导致发动机熄火	在突然开打节气门的同时，额外供给一定数量的汽油，以加浓混合气，从而保证迅速提高发动机的转速

表4—3　　　　　不同车型的怠速及油耗

车型	发动机型号	化油器型号	怠速转速（r/min）	怠速耗油量（kg/h）
EQ1092	EQ6100－1	EQH105B	400 ~ 500	1.8
CA1092	CA6102	CAH102	450 ± 25	1.5
桑塔纳	JV	KEIHIN	850 ± 25	

表4—4　　　　汽油机压缩比与辛烷值的关系

压缩比	6 ~ 7	7 ~ 8	8 ~ 9	9 ~ 10
汽油辛烷值	75 ~ 87	87 ~ 92	92 ~ 95	95 ~ 100

表 4—5　桑塔纳 2000GLi 型电喷发动机组件的检测步骤与项目（未接 ECU）

检测步骤	检测项目	检测条件附加操作	检测箱插口	额定值
1	至霍尔传感器（G40）的正极电缆连接	拔下霍尔传感器插头	12 + 霍尔传感器插头端子 3	<0.5 Ω
2	至霍尔传感器（G40）的负载电缆连接	拔下霍尔传感器插头	48 + 霍尔传感器插头端子 1	<0.5 Ω
3	霍尔传感器（G40）至控制器电缆的连接	拔下霍尔传感器插头	49 + 霍尔传感器插头端子 2	<0.5 Ω
4	至进气压力传感器（G71）的正极电缆连接	拔下进气压力传感器与进气温度传感器插头 *	12 + 进气压力传感器与进气温度传感器插头端子 3	<0.5 Ω
5	进气压力传感器（G71）至控制器的电缆连接	拔下进气压力传感器与进气温度传感器插头 *	7 + 进气压力传感器与进气温度传感器插头端子 4	<0.5 Ω
6	至进气温度传感器（G42）的负极电缆连接	拔下进气压力传感器与进气温度传感器插头 *	30 + 进气压力传感器与进气温度传感器插头端子 1	<0.5 Ω
7	进气温度传感器（G42）至控制器的电缆连接	拔下进气压力传感器与进气温度传感器插头	44 + 进气压力传感器与进气温度传感器插头端子 2	<0.5 Ω

续表

检测步骤	检测项目	检测条件附加操作	检测箱插口	额定值
8	至节气门位置传感器（G69）的正极电缆连接	拔下节气门位置传感器插头	12＋节气门位置传感器插头端子3	<0.5 Ω
9	至节气门位置传感器（G69）的负极电缆连接	拔下节气门位置传感器插头	30＋节气门位置传感器插头端子3	<0.5 Ω
10	节气门位置传感器（G69）至控制器的电缆连接	拔下节气门位置传感器插头	53＋节气门位置传感器插头端子2	<0.5 Ω
11	至爆燃传感器（G61）的负极电缆连接	拔下爆燃传感器插头	30＋爆燃传感器插头端子2	<0.5 Ω
12	至爆燃传感器（G61）屏蔽电缆连接	拔下爆燃传感器插头	19＋爆燃传感器插头端子1	<0.5 Ω
13	爆燃传感器（G61）至控制器电缆连接	拔下爆燃传感器插头	11＋爆燃传感器插头端子2	<0.5 Ω
14	至水温传感器（G62）负极电缆连接	拔下水温传感器上的插头	30＋水温传感器插头端子2	<0.5 Ω
15	水温传感器（G62）信号电缆连接	拔下水温传感器插头	45＋水温传感器插头端子1	<0.5 Ω

续表

检测步骤	检测项目	检测条件附加操作	检测箱插口	额定值
16	怠速调节器（N71）电缆连接	拔下怠速调节器插头	4+怠速调节器插头端子1	<0.5 Ω
			26+怠速调节器插头端2	
17	氧传感器(G39)内电阻	拔出氧传感器插头连接	接至氧传感器控头方向的两根白色导线手头端子1和2	<20 Ω，与温度有关
18	氧传感器(G39)负极信号电缆连接	拔出氧传感器插头连接	28+氧传感器插头端子4	<0.5 Ω
19	氧传感器(G39)正极信号电缆连接	拔出氧传感器插头连接	10+氧传感器插头端子3	<0.5 Ω
20	进气温度传感器的电阻	点火开关关闭，拔出进气压力传感器与进气温度传感器插头	30+44	20℃时，2.2~2.7 kΩ 30℃时，1.4~1.9 kΩ 40℃时，1.1~1.4 kΩ 该值和温度有关
21	爆燃传感器的电阻	点火开关关闭，拔出爆燃传感器插头连接	11+33	>1.0 kΩ

* 在桑塔纳2000GLi型轿车电子控制汽油喷射系统中，进气压力传感器和进气温度传感器组合在同一插头上。

表 4—6 桑塔纳 2000GLi 型电喷发动机组件的检测步骤（接 ECU）

检测步骤	检测项目	检测条件附加操作	检测箱插口	额定值
1	霍尔传感器（G40）供电电压	打开点火开关	12 + 48	约为 5 V
2	进气压力传感器（G71）供电电压	打开点火开关	12 + 30	约为 5 V
3	来自进气压力传感器（G71）的信号	打开点火开关	7 + 30	3. 8 ~ 4. 2 V
		起动发动机在怠速状态		0. 8 ~ 1. 3 V
		加大油门		电压发生变化
4	来自霍尔传感器（G40）的信号	拔下点火线圈插头并取下分电器盖 打开点火开关，人工转动曲轴 V 带轮	12 + 49	此时须显示一个约 2 V 的电压变化
5	来自进气温度传感器（G42）的信号	拔下进气压力与进气温度传感器插头，打开点火开关	30 + 44	约为 5 V
6	来自进气温度传感器（G42）的信号	插上进气压力与进气温度传感器插头，打开点火开关	30 + 44	0. 5 ~ 3 V，与温度有关
7	节气门位置传感器（G69）供电电压	打开点火开关	12 + 30	约为 5 V
8	来自节气门位置传感器（69）的信号	打开点火开关，节气门关闭	53 + 30	0. 1 ~ 0. 9 V
		节气门全开		3. 0 ~ 4. 8 V

续表

检测步骤	检测项目	检测条件附加操作	检测箱插口	额定值
9	水温传感器（G62）供电电压	打开点火开关，拔去水温传感器插头	30 + 45	约为 5 V
10	来自水温度传感器（G62）的信号	打开点火开关，插上水温传感器插头	30 + 45	0.5 ~ 2.5 V，与温度有关
11	点火线圈（N152）供电电压	打开点火开关	2 + 15（即点火开关）	约为 12 V
12	点火线圈（N152）供电电压	打开点火开关	1 + 2	约为 12 V
13	气缸 1 喷油器（N30）的电缆连接	点火开关关闭，拔下 ECU 插头，拔下汽油泵保险丝及氧传感器的插头，连接插口 14 + 3	2 + 17	约为 12 V
14	气缸 2 喷油器（N31）的电缆连接	点火开关关闭，拔下 ECU 插头，拔下汽油泵保险丝及氧传感器的插头，连接插口 14 + 3	2 + 16	约为 12 V
15	气缸 3 喷油器（N32）的电缆连接	点火开关关闭，拔下 ECU 插头，拔下汽油泵保险丝及氧传感器的插头，连接插口 14 + 3	2 + 35	约为 12 V

续表

检测步骤	检测项目	检测条件附加操作	检测箱插口	额定值
16	气缸 4 喷油器（N33）的电缆连接	点火开关关闭 拔下 ECU 插头 拔下汽油泵保险丝及氧传感器的插头 连接插口 14 + 3	2 + 34	约为 12 V
17	空调（A/C）开关输入端	启动发动机并空载运行、关闭空调	18 + 41	约为 12 V
		接通空调		约为 0 V
18	空调压缩机输入端	启动发动机并空载运行、关闭空调	18 + 40	约为 12 V
		接通空调		约为 0 V
19	氧传感器（G39）的供电电压	发动机启动并空载运行	万用表接至氧传感器插头连接的两根白色电缆上	12 ~ 14 V
20	氧传感器（G39）的信号电压	发动机启动并空载运行 接上氧传感器插头连接	万用表接至氧传感器黑色和灰色电缆上	0.2 ~ 0.8 V 并在此显示区域内缓慢摆动
21	发生干扰时氧传感器（G39）的信号电压	发动机启动并空载运行 将油压调节器上真空软管拔下并予以密封	万用表接至氧传感器黑色和灰色电缆上	显示短时稳定，然后开始重新摆动
22	ECU 端子 10 的基准电压	接通点火开关 拔出氧传感器插头连接	10 + 19	约 0.15 V

表 4—7　　桑塔纳 2000GSi 型电喷发动机线路的检测步骤（未接 ECU）

检测步骤	检测项目		检测部位		额定值（Ω）
			ECU 插座端子号	组件插座端子号	
1	至空气质量计（G70）		11	4	<0.5
			12	3	<0.5
			13	5	<0.5
2	节气门控制部件（J338）	至节气门定位器（V60）	66	1	<1
			59	2	<1
		至怠速开关（F60）	69	3	<0.5
		至节气门电位计（G69）	62	4	<0.5
		至怠速开关（F60）	75	5	<0.5
			67	7	<0.5
		至节气门定位电位计（G88）	74	8	<0.5
		怠速开关闭合	67 与 69		<1
		怠速开关打开	67 与 69		∞
3	至水温传感器（G62）		67	1	<1
			53	3	<0.5
4	至进气温度传感器（G72）		54	1	<0.5
			67	2	<1
5	至发动机转速传感器（G28）		发动机搭铁点	1	<0.5
			63	2	<0.5
			56	3	<0.5
			6	D26	<0.5

续表

检测步骤	检测项目	检测部位		额定值（Ω）
		ECU 插座端子号	组件插座端子号	
6	至氧传感器（G39）	保险丝 530	1	通
		27	2	<20
		25	3	<1.5
		26	4	<1.5
7	至点火线圈（N152）	搭铁点	4	通
			2 与 D23	通
		78	3	<0.5
		71	1	<0.5
8	至霍尔传感器（G40）	62	1	<0.5
		76	2	<0.5
		67	3	<1
9	至活性炭罐电磁阀（N80）	15	2	<0.5
		保险丝 530	1	通
10	至空调压缩机	8	压缩机电磁开关插头触点	<0.5
11	至空调压缩机	10	空调（A/C）开关	<0.5
12	至车速传感器	20	3	<0.5
13	至爆燃传感器（G61）	68	1	<0.5
		67	2	<1
		2	3	<0.5
14	至爆燃传感器（G66）	60	1	<0.5
		67	2	<1
		2	3	<0.5

续表

检测步骤	检测项目	检测部位		额定值（Ω）
		ECU 插座端子号	组件插座端子号	
15	至 1 缸喷油器（N30）	73	2	<1.0
16	至 2 缸喷油器（N31）	80	2	<1.0
17	至 3 缸喷油器（N32）	58	2	<1.0
18	至 4 缸喷油器（N33）	65	2	<1.0

表 4—8　　桑塔纳 2000GSi 型电喷发动机组件检测步骤（接 ECU）

检测步骤	检测项目	检测条件（附加操作）	检测部位	额定值
1	1～4 缸喷油器电阻	关闭点火开关，拔下 1～4 缸喷油器插座	插座两端子	13～18 Ω
2	1～4 缸喷油器供电电压	喷油器插座端子 1 和喷油器保险丝间线路正常	插头端子 1 和发动机搭铁点	蓄电池电压
3	汽油泵继电器	关闭点火开关，从中央拔下汽油泵继电器，测 2 号位继电器上端子 4 和搭铁点	—	接近 12 V
4	氧传感器（λ 传感器）加热装置	关闭点火开关，拔下氧传感器 4 个端子的插头	插座端子 1 和 2	1～5 Ω（电阻随温度升高）
5	氧传感器输出电压	发动机正常工作，改变工况	插座端子 3 和 4	0.1～0.3 V 与 0.7～1.1 V 间变化
6	氧传感器供电电压	加热正常，打开点火开关	插头端子 3 和 4	蓄电池电压

续表

检测步骤	检测项目	检测条件（附加操作）	检测部位	额定值
7	活性炭罐电磁阀(ACF阀)	关闭点火开关，拔下插头	插座两端子	22 ~ 30 Ω
8	节气门电位计（G69）	关闭点火开关，拔下插座，再打开点火开关	插头端子5和7	约5 V
9	节气门定位电位计（G88）	关闭点火开关，拔下插座，再打开点火开关	插头端子4和7	约5 V
10	空气流量计（G70）供电电压	汽油泵继电器和保险丝正常	插头端子4和搭铁点	约5 V
11	发动机转速传感器	关闭点火开关，拔下发动机转速传感器插头	插座端子2和3	480 ~ 1 000 Ω
12	发动机ECU供电电压	蓄电池电压高于11 V，保险517正常，关闭点火开关 打开点火开关	V. A. G1598/22测试盒端子3和2 V. A. G1598/22测试盒端子1和2	接近蓄电池电压 接近蓄电池电压
13	爆燃传感器输出电压	发动机运转	插座端子1和2	0.3 ~ 1.4 V
14	霍尔传感器（G40）输出电压	拔下插座，打开点火开关	插座端子1和3	接近5 V
15	霍尔传感器（G40）输入电压	拔下插座，打开点火开关	插头端子2和3	接近蓄电池电压

表 4—9　　桑塔纳 2000GSi 型电喷发动机汽油供给系统数据

<table>
<tr><td>发动机代号</td><td colspan="2">AJR</td></tr>
<tr><td>怠速转速（不能调整）</td><td colspan="2">（800±30）r/min</td></tr>
<tr><td>断油（最高）转速</td><td colspan="2">6 400 r/min</td></tr>
<tr><td rowspan="2">怠速时汽油供给系统压力</td><td>连接油压调节器真空管</td><td>（250±20）kPa</td></tr>
<tr><td>取下油压调节器真空管</td><td>（300±20）kPa</td></tr>
<tr><td>熄火 10 min 后汽油系统保持压力</td><td colspan="2">大于 150 kPa</td></tr>
<tr><td rowspan="4">喷油器电阻值（正常油压下漏油不应多于 2 滴/min）</td><td>喷油器型式</td><td>4 孔喷油器</td></tr>
<tr><td>30 s 喷油量</td><td>78～85 mL</td></tr>
<tr><td>室温下电阻</td><td>13～18 Ω</td></tr>
<tr><td colspan="2">发动机工作温度时电阻会增加 4～6 Ω</td></tr>
</table>

表 4—10　　AJR 型发动机故障码

故障码	故障内容	故障原因
00513	发动机转速传感器（G28）无信号	1. G28 线路断路或短路 2. G28 损坏
00515	霍尔传感器（G40）	1. G40 线路对正极断路或短路 2. G40 损坏
00518	节气门电位计（G69）	1. G69 线路对正极断路或短路 2. G69 损坏
00522	水温传感器（G62）	1. G62 线路断路 2. G62 损坏 3. G62 线路对地短路
00524	1 号爆燃传感器（一、二缸）（G61）	1. G61 线路对地断路或短路 2. G61 损坏
00527	进气温度传感器（G72）	1. G72 线路断路 2. G72 损坏 3. G72 线路对地短路

续表

故障码	故障内容	故障原因
00530	节气门定位计（G88）	1. G88 线路对正极断路或短路 2. G88 损坏
00540	2 号爆燃传感器（三、四缸）（G66）	1. G66 线路对地断路或短路 2. G66 损坏
00553	空气流量计（G70）	1. G70 线路对地断路或短路 2. G70 损坏
00668	30 号端子电压过低	蓄电池电压低于 10.0 V
01165	节气门控制组件（J338）基本设定错误	J338 与发动机 ECU 不匹配
01247	活性炭罐电磁阀（N80）	1. N80 线路对地断路或短路 2. N80 损坏
01249	一缸喷油器（N30）	1. N30 线路对正极断路或短路 2. N30 损坏
01250	二缸喷油器（N31）	1. N31 线路对正极断路或短路 2. N31 损坏
01251	三缸喷油器（N32）	1. N32 线路对正极断路或短路 2. N32 损坏
01252	四缸喷油器（N33）	1. N33 线路对正极断路或短路 2. N33 损坏

六、技能鉴定参考试卷

项目一　EQB601 – B 型汽油泵的维护

（一）试题类别

总成维护。

（二）考核时间

20 min。

（三）考核方法

现场实物操作。

（四）技术标准和操作步骤

1. 分解

（1）拆下汽油泵固定螺栓，从发动机上取下汽油泵及衬垫。

（2）用汽油清洗汽油泵外部。

（3）拆下汽油泵上体和下体的固定螺栓。

（4）拆下阀门支撑片固定螺钉，取出阀门。

（5）拆下泵膜总成，并对泵膜总成进行分解（将泵膜及拉杆稍向下压，然后向摇臂方向倾斜方能取出）。

（6）拆下摇臂、手拉杆、复位弹簧。

（7）用汽油或煤油清洗各零件，重点清洗进、出油阀和阀座，清除内壁及膜片上的沉积物。

2. 装配

汽油泵的装配按分解的相反顺序进行，在装配过程中应注意以下问题：

（1）装配泵膜上、下护盘时方向不得装反。泵膜螺钉孔应与下体螺钉孔对准，拧紧固定螺母时应用食指与拇指压紧泵膜护盘，防止其转动。

（2）安装进、出油阀时，应注意安装方向，并检查密封垫是否完好，阀门支撑片安装方向不得装反。

（3）装配上下阀体时应注意装配记号，并分 2 ~ 3 次对称拧紧紧固螺钉。

3. 试验

将进油口浸入汽油中，按动手摇臂，出油急促而有力，表明汽油泵性能良好。

（五）考前准备

1．工具准备

常用工具、量具一套，用于清洗、试验用的油液一盆。

2．考件准备

EQB601－B 型汽油泵一只。

（六）考核要求

1．按照正确的操作规程使用工具及进行总成维护。

2．总成经维护后，应符合规定的性能要求。

（七）注意事项

1．正确使用工具、量具。

2．注意油液的防火安全。

（八）配分、评分标准

序号	作业项目	考核内容	配分	评分标准	评分记录	扣分	得分
1	操作步骤及工艺	汽油泵的维护	55	步骤严重混乱扣15分，局部混乱扣5分			
				装配错误一处扣10分，返工一次扣5分			
				检测或修理项目不符合要求扣15分，严重者不得分			
				调整方法错误一次扣10分，调整不符合要求一处扣5分			
2	文明生产	零件摆放	20	零件摆放混乱扣10分			
		工作场地		工作场地乱扣10分			

续表

序号	作业项目	考核内容	配分	评分标准	评分记录	扣分	得分
3	正确使用工、量具	正确使用工具、仪器	15	1. 违反安全操作规程，按不及格处理			
				2. 工具使用不当，零件、工具落地一次扣2分			
				3. 人为导致机件损坏扣5分，损坏两处以上按不及格处理，因操作不当发生重大事故按0分计			
4	操作时间	时间20 min	10	1. 在规定时间内完成不扣分，每超1 min扣2分			
				2. 超出规定时间6 min，按不及格处理			
5	分数总计		100				

项目二　桑塔纳2000GSi型电喷发动机故障诊断与排除

（一）试题类别

台架发动机故障诊断与排除。

（二）考核时间

30 min。

（三）考核方法

现场实物操作。

（四）技术标准和要求

1. 熟练掌握检测设备的操作技能，正确判断故障。

2. 利用数字式万用表正确检测各种传感器。

（五）考前准备

1. 检测设备

V. A. G1552 专用检测设备 1 套；数字式万用表 1 台。

2. 考件准备

桑塔纳 2000GSi 型电喷发动机台架 1 台。

（六）考核要求

1. 按照正确的操作规程检查故障位置。

2. 用数字式万用表检测故障发生的原因。

3. 排除故障后用检测设备验证并清除故障码。

（七）注意事项

1. 使用检测设备时，应按照规程操作，必要时参阅其使用说明书。

2. 使用发动机台架时，应注意安全，必要时参阅具体被测车型的维修手册。

（八）配分、评分标准

序号	作业项目	考核内容	配分	评分标准	评分记录	扣分	得分
1	正确使用仪器设备	电路连接情况	5	接线不正确扣 5 分			
		测试项目的选择	5	选择不正确扣 5 分			
		故障查询	5	操作不正确扣 5 分			
		故障清除	5	操作不正确扣 5 分			
		执行机构测试	5	操作不正确扣 5 分			
		数据流分析	15	操作不正确扣 15 分			
2	正确检测传感器	按检测步骤测量传感器	35	1. 阻值检测不正确扣 10 分			
				2. 电源和搭铁检测不正确扣 10 分			
				3. 动态检测不正确扣 15 分			

续表

序号	作业项目	考核内容	配分	评分标准	评分记录	扣分	得分
3	安全文明生产	1. 正确使用工具、仪器 2. 遵循安全规程，操作现场整洁	15	1. 违反安全操作规程，按不及格处理 2. 工具使用不当，零件、工具落地一次扣2分 3. 人为导致机件损坏扣5分，损坏二处以上按不及格处理，因操作不当发生重大事故按0分计			
4	操作时间	时间30 min	10	1. 在规定时间内完成不扣分，每超1 min扣2分 2. 超出规定时间6 min，按不及格处理			
5	分数总计		100				

单元五　柴油机燃料供给系

一、教学目标

1. 掌握柴油机燃料供给系的功用及组成。
2. 掌握柴油机燃料供给系的分类。
3. 掌握柴油机燃料供给系的工作原理。
4. 熟悉电控柴油机的组成及作用。
5. 掌握电控柴油喷射系统的基本结构及工作原理。
6. 能够对电控柴油喷射系统的主要元器件进行检修。

二、学时分配

教学内容	总学时	理论学时	实习学时
课题 1　柴油机燃料供给系概述	20	3	17
课题 2　电控柴油机燃料供给系	16	2	14

三、补充教学资料

1. VE 型分配泵的工作过程

VE 型分配泵的工作过程如图 5—1 所示。

（1）进油过程

当平面凸轮盘的凹下部分转至与滚轮接触时，柱塞弹簧将柱塞由右向左推至柱塞下止点位置，这时柱塞上的进油槽与柱塞套上的进油孔连通，柴油自喷油泵体的内腔经进油道进入柱塞腔和中心油孔内，如图 5—1a 所示。

（2）泵油过程

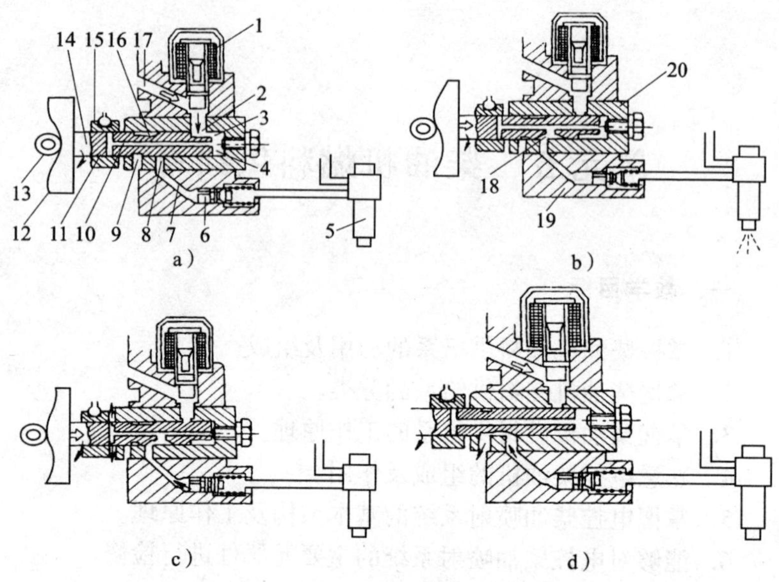

图 5—1　VE 型分配泵的工作过程

1—断油阀　2—进油孔　3—进油槽　4—柱塞腔　5—喷油器　6—出油阀　7—分配油道　8—出油孔　9—压力平衡孔　10—中心油孔　11—泄油孔　12—平面凸轮盘　13—滚轮　14—分配柱塞　15—油量调节套筒　16—压力平衡槽　17—进油道　18—燃油分配孔　19—喷油泵体　20—柱塞套

当平面凸轮盘由凹下部分转至凸起部分与滚轮接触时，柱塞在凸轮盘的推动下由左向右移动。在进油槽转过进油孔的同时，分配柱塞将进油孔封闭，这时柱塞腔内的柴油开始增压。与此同时，分配柱塞上的燃油分配孔转至与柱塞套上的一个出油孔相通，高压柴油从柱塞腔经中心油孔、燃油分配孔、出油孔进入分配油道，再经出油阀和喷油器喷入燃烧室，如图 5—1b 所示。

（3）停油过程

分配柱塞在平面凸轮盘的推动下继续右移，当柱塞上的泄油孔移出油量调节套筒并与喷油泵体内腔相通时，高压柴油从柱塞腔经中心油孔和泄油孔流进喷油泵体内腔，柴油压力立即下降，供油停止，如图 5—1c 所示。

（4）压力平衡过程

分配柱塞上设有压力平衡槽，在分配柱塞旋转和移动过程中，压力平衡槽始终与喷油泵体内腔相通。在某一气缸供油停止之后，且当压力平衡槽转至与相应气缸的分配油道连通时，分配油道与喷油泵体内腔相通，于是两处的油压趋于平衡，如图 5—1d 所示。

2. 两极式调速器的构造及工作原理

（1）两极式调速器的构造

图 5—2 所示为 RAD 型两极式调速器的结构。

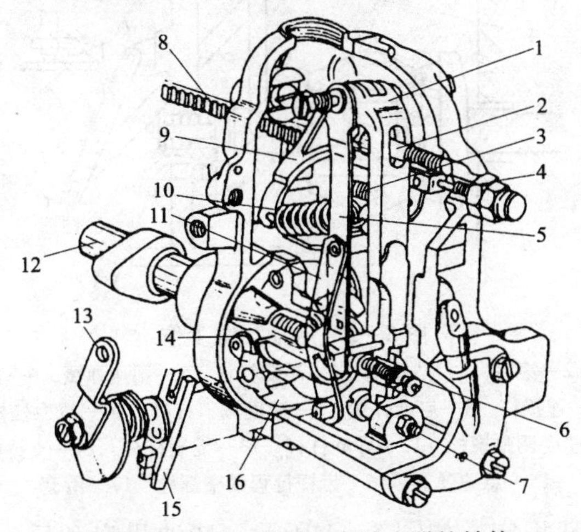

图 5—2　RAD 型两极式调速器的结构

1—拉力杠杆　2—速度调节螺栓　3—启动弹簧　4—稳速弹簧　5—导动杠杆　6—怠速弹簧　7—齿杆行程调节螺栓　8—供油齿杆　9—速度调节杠杆　10—调速弹簧　11—浮动杠杆　12—凸轮轴　13—控制杠杆　14—滚轮　15—支持杠杆　16—飞块

（2）两极式调速器的工作原理

1）启动加浓。如图 5—3 所示，启动时将控制杠杆推到最大位置Ⅰ，这时发动机转速很低，两飞块在启动弹簧的作用下处于收拢状态，怠速弹簧从拉力杠杆下端孔内弹出，同时启动弹簧也向左拉供油齿杆，两弹簧共同作用，使供油齿杆达到最大供油量位置，便于启动。

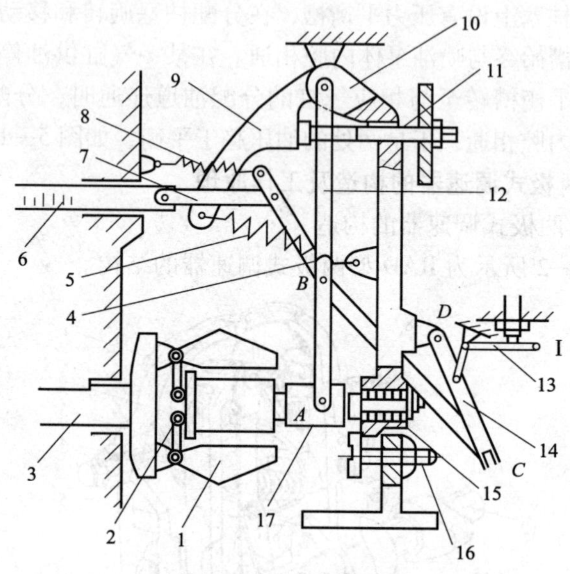

图 5—3 启动加浓工作

1—飞块 2—滚轮 3—凸轮轴 4—浮动杠杆 5—调速弹簧 6—供油齿杆 7—连接杆 8—启动弹簧 9—速度调节杠杆 10—拉力杠杆 11—速度调整螺栓 12—导动杠杆 13—控制杠杆 14—支持杠杆 15—怠速弹簧 16—齿杆行程调整螺栓 17—滑套

2）怠速稳定。如图 5—4 所示，柴油机启动后，将控制杠杆拉到怠速位置Ⅱ，发动机怠速工作。此时，飞块产生的离心力压缩怠速弹簧并拉伸启动弹簧，通过拉力杠杆和导动杠杆带动供油齿杆向减油方向移动，直至离心力与两弹簧弹力平衡，怠速稳定。若此时阻力增大使发动机转速降低，飞块离心力随之减小，滑套在怠速弹簧和启动弹簧作用下左移，使导动杠杆向左偏转，带动浮动杠杆逆时针偏转，供油齿杆左移加油，柴油机转速回升。相反，若阻力减小，发动机转速升高，则飞块离心力增大，推动供油齿杆右移减油，柴油机转速下降。

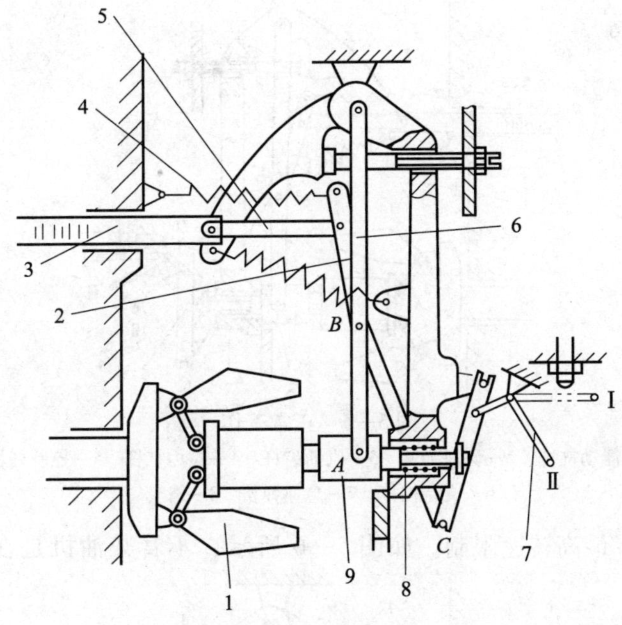

图 5—4 怠速工作

1—飞块 2—浮动杠杆 3—供油齿杆 4—启动弹簧 5—连接杆
6—导动杠杆 7—控制杠杆 8—怠速弹簧 9—滑套
Ⅰ—全负荷位置 Ⅱ—怠速位置

3）正常工作。如图 5—5 所示，当柴油机在正常工作转速范围工作时，控制杠杆处于Ⅰ和Ⅱ之间的部分负荷位置Ⅲ。当发动机以超过怠速转速运转时，怠速弹簧被完全压入拉力杠杆内，滑套直接与拉力杠杆接触。由于拉力杠杆被弹力很强的调速弹簧拉住，在转速低于最高工作转速的条件下，飞块离心力不足以推动拉力杠杆，所有杆件不会移动，只通过改变操纵手柄位置才能使供油齿杆移动而增减供油量。因此，在中间转速范围内，供油量的调节是由驾驶员控制的，调速器不起作用。

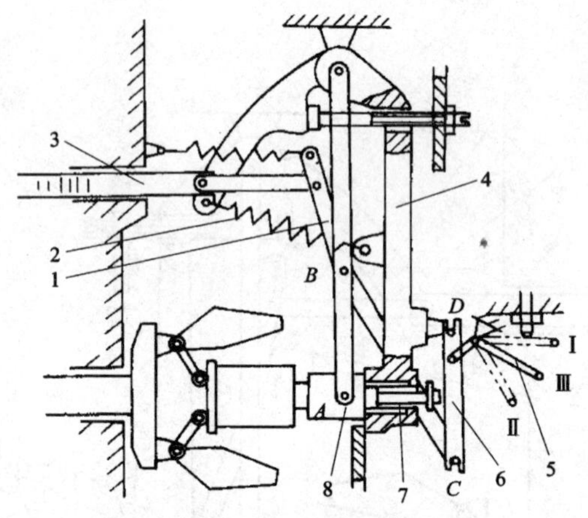

图 5—5　正常工作

1—浮动杠杆　2—调速弹簧　3—供油齿杆　4—拉力杠杆　5—控制杠杆
6—支持杠杆　7—怠速弹簧　8—滑套

4）最高转速限制。如图 5—6 所示，不管柴油机是在部分

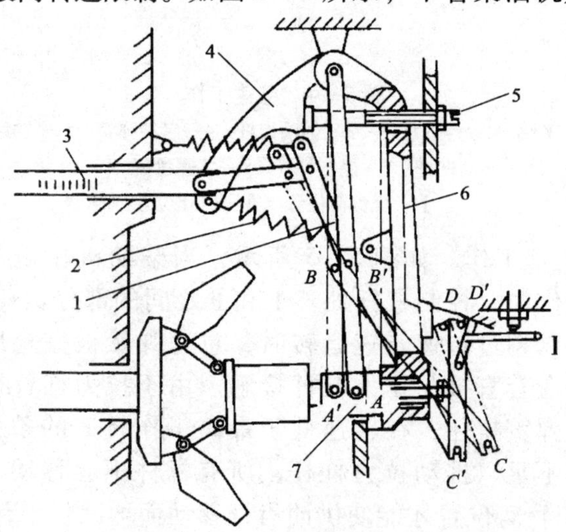

图 5—6　最高转速限制

1—浮动杠杆　2—调速弹簧　3—供油齿杆　4—速度调节杠杆
5—速度调节螺栓　6—拉力杠杆　7—滑套

负荷工作还是在全负荷工作，只要其转速超过标定转速，飞块的离心力就能克服调速弹簧的拉力，推动滑套、拉力杠杆右移，使供油齿杆向减油方向移动，保证发动机转速不超过规定值。

3. 全程式调速器的结构及工作原理

（1）全程式调速器的结构

图 5—7 所示为 RSV 型全程式调速器的结构。

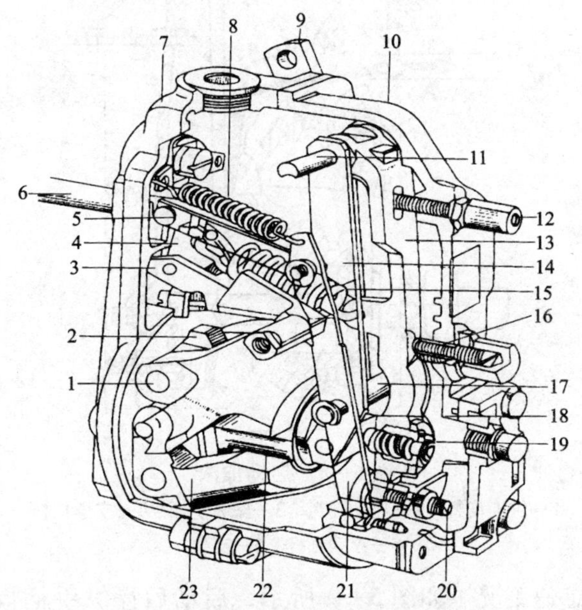

图 5—7 RSV 型全程式调速器的结构

1—飞锤销 2—飞锤支架 3—弹簧摇臂 4—弹簧挂耳 5—连杆 6—供油齿杆 7—调速器前壳 8—启动弹簧 9—操纵手柄 10—调速器后壳 11—支撑杆销 12—怠速限位螺钉 13—支撑杆 14—支架 15—调速弹簧 16—怠速稳定弹簧 17—支架轴 18—丁字块 19—校正弹簧 20—齿杆行程调节螺钉 21—浮动杠杆 22—调速套筒 23—飞锤

（2）全程式调速器的工作原理

1）启动加浓。启动前将操纵手柄置于最左位置，如图 5—8 所示。支撑杆下端与齿杆行程调节螺钉相接触，飞块处于收拢位置。启动弹簧拉动浮动杠杆左摆，带动供油齿杆左移到起动时最大油量位置，以保证顺利启动。此时，校正弹簧弹出，使丁字块与支撑杆间有一距离，即启动油量大于标定油量。

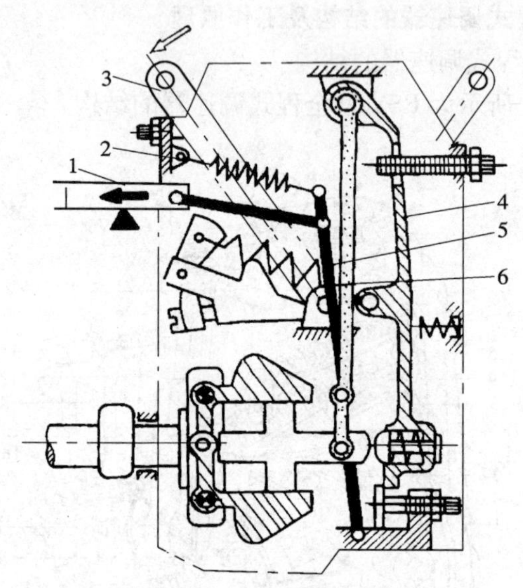

图 5—8 启动加浓

1—供油齿杆 2—启动弹簧 3—操纵手柄 4—支撑杠杆 5—浮动杠杆 6—支架

2）怠速工况。如图 5—9 所示，启动后操纵手柄扳回到最右边的怠速位置，放松了调速弹簧，飞块的离心力克服了启动弹簧与怠速弹簧的弹力，推动丁字块右移带动供油齿杆向减油方向移动，直至离心力与两弹簧弹力平衡，柴油机以稳定的怠速运转。此时，发动机转速升高或降低时，离心力与两弹簧弹力的平衡被破坏，通过丁字块的移动带动供油齿杆加油或减油来稳定怠速。

3）高速工况。操纵手柄离开怠速位置向左偏转，相应每个位置就有一个调速器起作用的转速。转角越大，起作用的转速越高，直到手柄碰到极限位置。柴油机处于最高工作转速，

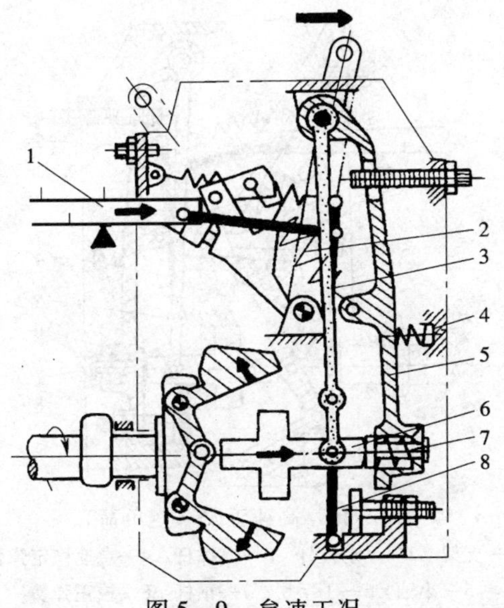

图 5—9　怠速工况

1—供油齿杆　2—调速弹簧　3—支架　4—怠速稳定弹簧
5—支撑杆　6—丁字块　7—顶杆　8—浮动杠杆

此时支撑杆下端靠在齿杆行程调节螺钉上，由于离心力较大，校正弹簧也被压入支撑杆内。

4）超负荷工况。当柴油机在标定工况下运行时，如出现负荷突增使转速下降，飞块离心力减小，校正弹簧弹出，使丁字块左移，带动供油齿杆在额定供油量的基础上再向加油方向移动，使发动机短时间内超负荷运行，即为校正工况。

5）最高空转转速。当柴油机在标定工况下运行时，如负荷全部卸去，此时会出现转速突升，离心力迅速增大，丁字块快速右移，校正弹簧被压紧，同时供油齿杆右移，使供油量迅速达到最小，柴油机将在最高空转转速工况下工作，如图 5—10 所示。

6）停车。如图 5—11 所示，不带停车机构时，扳动操纵手柄至最右端，使弹簧摇臂上的弹簧挂耳与停车挡块相碰，并推压支架右摆，使供油齿杆到达停油位置。

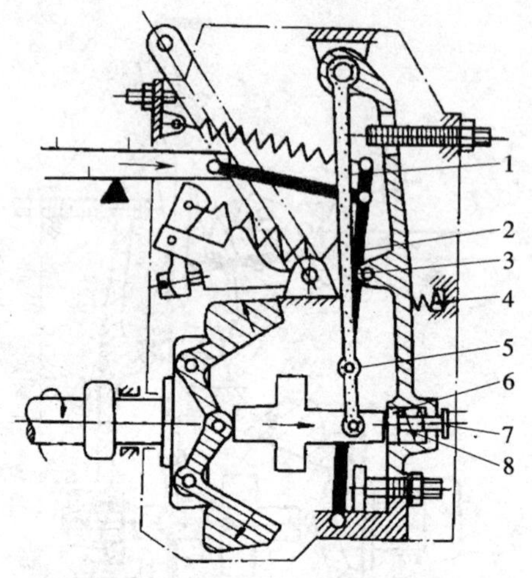

图 5—10　高速工况（空负荷）

1—支架　2—浮动杠杆　3—支撑杆　4—怠速稳定弹簧

5—小轴　6—丁字块　7—顶杆　8—校正弹簧

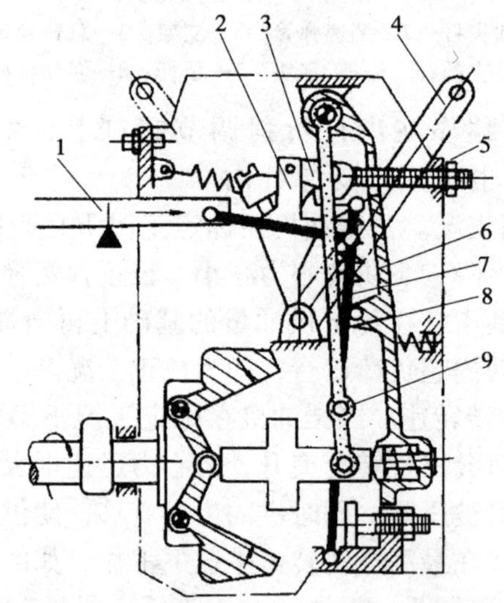

图 5—11　停车位置（不带停车机构）

1—供油齿杆　2—弹簧摇臂　3—弹簧挂耳　4—操纵手柄　5—停车挡块

6—支撑杆　7—浮动杠杆　8—支架　9—小轴

如图 5—12 所示，带停车机构时，转动停车手柄直接带动供油齿杆向减油方向移动至停油位置。熄火后放松手柄，回位弹簧使供油齿杆回到怠速位置。

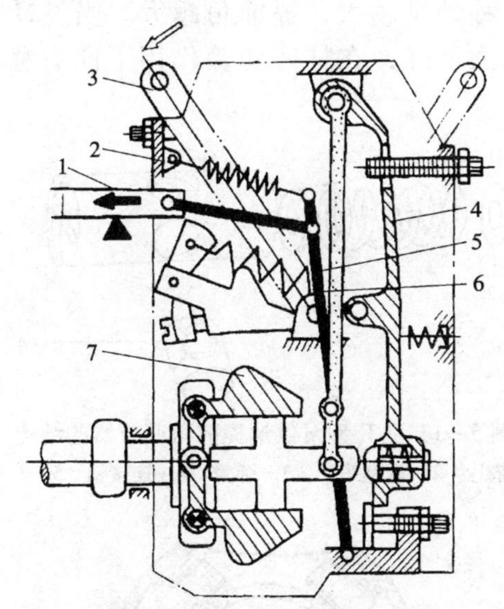

图 5—12　停车位置（带停车机构）

1—供油齿杆　2—弹簧摇臂　3—弹簧挂耳　4—操纵手柄　5—支架　6—浮动杠杆　7—飞块

4. VE 型泵供油提前角调节器

在喷油泵泵体下部横向安装有供油提前角调节器，其结构如图 5—13 所示，这种装置能随发动机转速的变化而进行供油提前角的自动调节。在发动机转速升高时，为了保证良好的燃烧过程，必须提前将燃油喷入燃烧室，从而使发动机在任何转速下都有最佳的提前角，使功率提高。如图 5—14 所示，调节装置的柱塞和滚轮用拨销连接，一般情况下柱塞被弹簧压向供油滞后方向。发动机工作时，随发动机转速升高，喷油泵泵油转速升高，叶片供油泵供油压力升高，泵室内的燃油压力上升，当作用在柱塞上的油压超过柱塞弹簧弹力时，柱塞向左移动，通过拨销使滚轮架顺时针转过一定角度，滚轮提前角对正凸轮盘，使供油提前，如图 5—15 所示。发动机转速越高，油压越大，柱塞移动量越大，提前角越大。当发动机转速降低时，泵室内压力下降，在柱塞弹簧作用下向右移动，供油提前角减小。

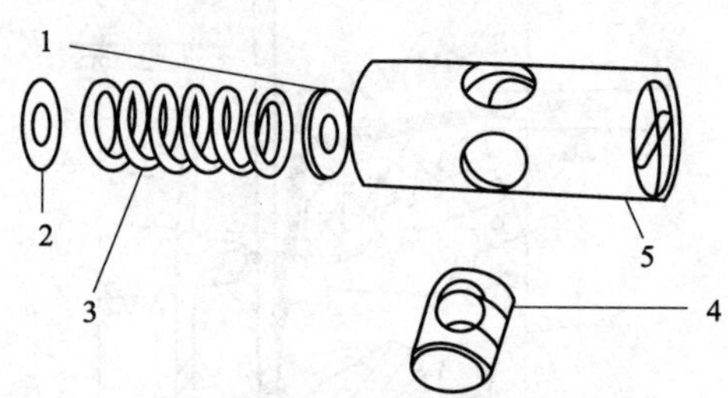

图 5—13　VE 型泵供油提前角调节器的结构

1—垫片　2—调整垫片　3—弹簧　4—连接销　5—柱塞

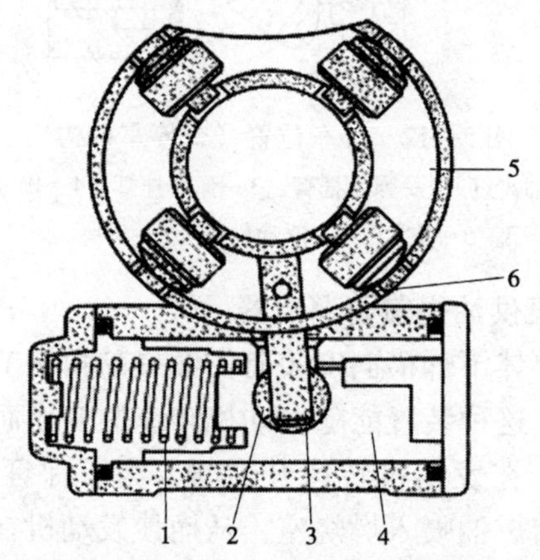

图 5—14　自动调节装置工作原理（一）

1—弹簧　2—拨销　3—连接销　4—柱塞　5—滚轮架　6—滚轮轴

改变图 5—13 中调整垫片 2 的厚度，可获得不同的弹簧预紧力，在相同转速下得到不同的喷油提前角。

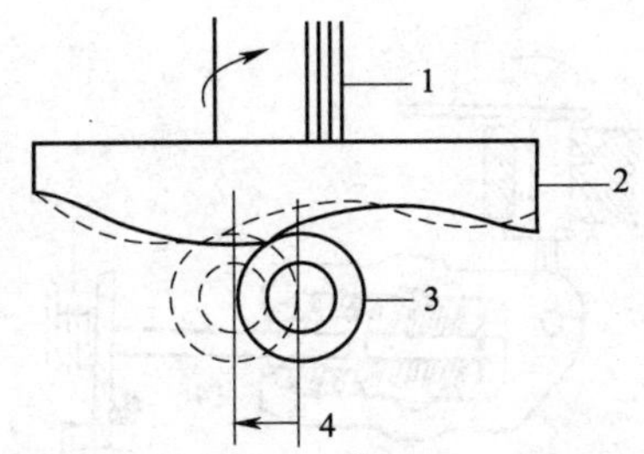

图 5—15　自动调节装置工作原理（二）

1—柱塞　2—凸轮盘　3—滚轮　4—供油提前角

5. VE 型泵调速器

（1）调速器构造

依维柯发动机喷油泵用调速器为机械杠杆式全速调速器，装于喷油泵上部。喷油泵轴通过调速器驱动齿轮带动调速器。如图 5—16 所示，调速器由飞块 16、调速器滑套 15、调速杠杆 1 和溢流环 13（喷油量控制套筒）等组成。飞块 16 装在调速器驱动齿轮后的飞块支架 17 上，飞块 16 通过止推垫圈推动调速器滑套 15。调速杠杆 1 由启动杆 10、张紧杆 8、调节杆 6 组成。启动杆 10 安装在张紧杆 8 上，启动杆和张紧杆又支撑在调节杆 6 的 M_1 支点上，调节杆 6 通过 M_2 支撑在泵壳内。调速弹簧 2 通过缓冲弹簧 4 拉在张紧杆 8 上端。启动杆 10 右侧装有启动弹簧 9，启动弹簧是软板簧。缓冲弹簧 4 的张力可稳定张紧杆和调节杆，防止其在工作中移动造成发动机工作不稳定。该调速器通过飞块的离心力和调速弹簧的弹力的相互作用使溢流环 13 移动，来改变柱塞的有效行程，从而改变供油量来控制发动机的转速。

（2）调速器工作原理

1）启动工况。当发动机启动时，踩下加速踏板，调速杠杆移到全负荷位置，在调速弹簧作用下，张紧杆上端左移抵住止动销。由于此时发动机不转，飞块闭合，调速器滑套在最左端。张紧杆通过启动弹簧，使启动杆上端压向调速器滑套，启动杆以

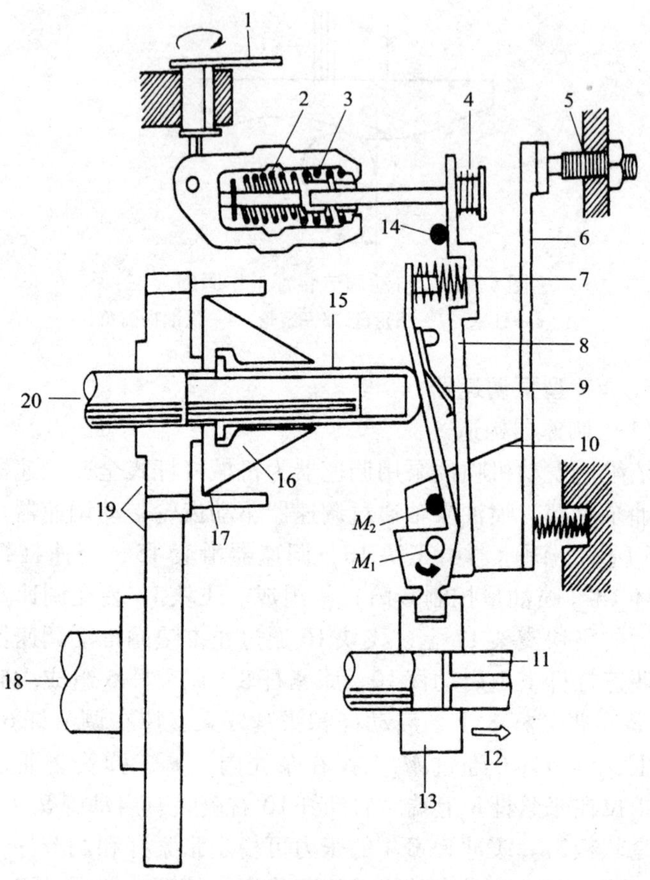

图 5—16 VE 型泵调速器的结构

1—调速杠杆 2—调速弹簧 3—部分负荷弹簧 4—缓冲弹簧
5—全负荷油量调节螺钉 6—调节杆 7—怠速弹簧 8—张紧杆
9—启动弹簧 10—启动杆 11—柱塞 12—喷油量增加 13—溢流环
14—止动销 15—调速器滑套 16—飞块 17—飞块支架
18—喷油泵轴 19—调速器驱动凸轮 20—调速器轴

M_1为支点逆时针转动，其下端使溢流环右移到启动位置，如图5—17 所示。启动后发动机旋转，飞块的离心力推动滑套右移，

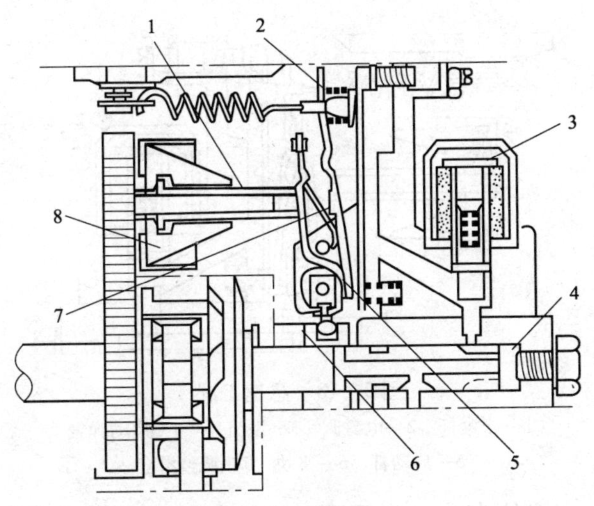

图 5—17　启动工况

1—调速滑套　2—张紧杆　3—电磁阀　4—压油腔　5—启动杆
6—溢流环　7—启动弹簧　8—飞块

使启动杆克服启动弹簧的弹力压向张紧杆，使溢流环左移至额定供油量位置，结束启动加浓。

2）怠速工况。发动机启动后放松加速踏板，使调速杠杆回到怠速位置，这时调速弹簧的张力等于零。此时即使调速器轴低速旋转，飞块也要向外张开，压缩缓冲弹簧和怠速弹簧，使启动杆和张紧杆向右移动，启动杆以 M_1 为支点顺时针转动，将溢流环左移至怠速位置，如图 5—18 所示。

3）全负荷工况。发动机全负荷时把加速踏板踏到底，调速杠杆移到全负荷位置，在调速弹簧拉力作用下，张紧杆转动接触止动销，通过启动杆使溢流环保持在全负荷位置。

最大供油量的调整：拧入最大供油量调节螺钉，调节杆以 M_2 为支点逆时针转动，因此调节杆上的 M_1 顺时针转动，使张紧杆拨动溢流环向右移动，使供油量增加；反之拧出螺钉，供油量减少。

4）部分负荷稳定工况。调速杠杆在怠速与全负荷之间的

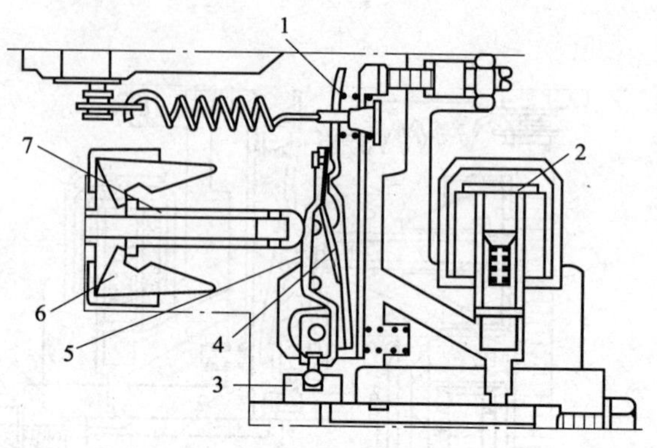

图 5—18　怠速工况

1—张紧杆　2—电磁阀　3—溢流环　4—启动弹簧
5—启动杆　6—飞块　7—调整滑套

位置上，在飞块离心力作用下，压缩部分载荷弹簧，张紧杆右移，使溢流环位于部分负荷位置。若加速踏板稳定不动，当行驶阻力增加使发动机转速下降时，飞块离心力减小，滑环左移，在调速弹簧作用下张紧杆左移，使溢流环右移，增加供油量，使转速升高；反之行驶阻力减小，供油量减少，可防止转速升高，这样柴油机将稳定在某一转速下工作。

5）最高转速控制。当发动机转速在规定转速下继续升高时，飞块离心力也随之增加，当离心力超过调速弹簧的弹力时，张紧杆以 M_2 为支点顺时针转动，使溢流环左移，供油量减少，控制了发动机的转速上升。

四、教材分析和教学建议

柴油机燃油供给系统的作用是根据柴油机工作的要求，定时、定量、定压地将雾化质量良好的柴油，以一定喷油规律喷入燃烧室与空气相混合，为可燃混合气的形成与燃烧提供良好条件。燃油供给系统工作性能好坏，将直接影响到柴油机的工作性能。柴油机燃油供给系统一般由柴油箱、油管、输油泵、柴油滤清器、喷油泵、调速器和喷油器等组成。

本单元主要任务是了解柴油机燃油供给系统的作用、组成，掌握喷油泵、调速器、喷油器的结构、原理和检测方法，掌握共轨柴油控制系统电子元器件的原理和检测，能够对常见故障进行诊断与排除等。

课题1 柴油机燃料供给系概述

教学重点

1. 掌握柴油机燃料供给系的功用及组成。
2. 掌握柴油机燃料供给系的分类。
3. 掌握柴油机燃料供给系的工作原理。

教学难点

柴油机燃料供给系主要部件的拆装、检查和调试。

教学前准备

<table>
<tr><td>学生知识准备</td><td colspan="2">1. 已学习过柴油机两大机构、四大系统机构，掌握常用维修工具的使用
2. 预习课题1 柴油机燃料供给系概述</td></tr>
<tr><td>场地要求</td><td colspan="2">1. 能够容纳20名学生的汽车发动机理实一体化教室（约100 m^2）
2. 投影仪一台
3. 柴油机燃料供给系挂图一套</td></tr>
<tr><td rowspan="3">设备</td><td>名称</td><td>数量</td></tr>
<tr><td>柴油发动机实训台架</td><td>4</td></tr>
<tr><td>喷油器实验台</td><td>1</td></tr>
</table>

续表

	名称	数量
工具	万用表	4
	台虎钳	1
	常用维修工具	4
耗材	清洁布若干、机油（备用）	

教学设计

讲授新课：柴油机燃料供给系概述。

步骤	教学内容	教学方法	教学手段	学生活动	时间分配
告知（教学内容、目的）	通过本单元的学习，使学生掌握柴油机燃料供给系的功用、组成、分类及工作原理，能够对柴油机燃油供给系主要部件进行正确的拆装、检查和调整	讲授	PPT		3 min
引入（任务）	任务：柴油机燃料供给系概述	讲授	PPT		2 min
教学内容（一）	柴油机混合气形成特点	讲授	PPT、实物演示		20 min
教学内容（二）	柴油机燃料供给系的功用、组成及工作原理	讲授	PPT、实物演示		35 min
教学内容（三）	柴油机燃料供给系主要部件	讲授	PPT、实物演示		60 min
训练任务说明	1. 分组练习：每5人一组，分工合作进行项目练习 2. 分组操作时，注重培养学生团队友善协作意识和诚实守信原则，同时注意操作安全	叙述			10 min

续表

步骤	教学内容	教学方法	教学手段	学生活动	时间分配
训练（一）	喷油器拆装、检查及调试	一体化	教师指导	学生分组操作	330 min
训练（二）	喷油泵的拆装、检查及调试	一体化	教师指导	学生分组操作	320 min
归纳总结	知识点： 1. 掌握柴油机燃料供给系的功用及组成 2. 掌握柴油机燃料供给系的分类 3. 掌握柴油机燃料供给系的工作原理 能力点： 1. 喷油器拆装、检查及调试 2. 喷油泵的拆装、检查及调试	讲授	PPT		20 min
课后作业	习题册： 单元五　柴油机燃料供给系 课题 1　柴油机燃料供给系概述 实训报告： 1. 喷油器拆装、检查及调试 2. 喷油泵的拆装、检查及调试				

课题 2　电控柴油机燃料供给系

教学重点

1. 熟悉电控柴油机的组成及作用。
2. 掌握电控柴油喷射系统的基本结构及工作原理。

教学难点

柴油电控燃油喷射系统主要元件的检修。

教学前准备

学生知识准备	1. 已学过柴油发动机燃料供给系的组成、工作原理，掌握常用维修工具的使用 2. 预习课题2 电控柴油机燃料供给系	
场地要求	1. 能够容纳20名学生的汽车发动机理实一体化教室（约100 m^2） 2. 投影仪一台 3. 电控柴油机燃料供给系挂图	
设备	名称	数量
	电控柴油发动机实训台	4
工具	名称	数量
	万用表	4
	常用维修工具	4
耗材	清洁布若干、机油（备用）	

教学设计

讲授新课：电控柴油机燃料供给系。

步骤	教学内容	教学方法	教学手段	学生活动	时间分配
告知（教学内容、目的）	通过本单元的学习，使学生掌握柴油机电控系统的组成、功用及电控柴油喷射系统的类型，从而使学生能够对电控柴油喷射主要元件进行正确的检修	讲授	PPT		3 min

续表

步骤	教学内容	教学方法	教学手段	学生活动	时间分配
引入（任务）	任务：电控柴油机燃料供给系	讲授	PPT		2 min
教学内容（一）	柴油机电控系统的组成	讲授	PPT、实物演示		10 min
教学内容（二）	柴油机电控系统的功用	讲授	PPT、实物演示		25 min
教学内容（三）	柴油电控燃油喷射系统的优点	讲授	PPT		10 min
教学内容（四）	柴油机电控柴油喷射系统的类型	讲授	PPT		30 min
训练任务说明	1．分组练习：每 5 人一组，分工合作进行项目练习 2．分组操作时，注重培养学生团队友善协作意识和诚实守信原则，同时注意操作安全	叙述			10 min
训练（一）	传感器检修： 1．燃油温度传感器 2．进气管绝对压力传感器和温度传感器 3．加速踏板位置传感器 4．喷油器针阀升程传感器 5．凸轮轴/曲轴位置传感器 6．空气流量计	一体化	教师指导	学生分组操作	320 min

续表

步骤	教学内容	教学方法	教学手段	学生活动	时间分配
训练（二）	执行元件检修： 1. 电控分配泵 2. 喷油电磁阀	一体化	教师指导	学生分组操作	220 min
归纳总结	知识点： 1. 熟悉电控柴油机的组成及作用 2. 掌握电控柴油喷射系统的基本结构及工作原理 能力点： 能够对柴油电控燃油喷射系统主要元件进行正确的检修	讲授	PPT		10 min
课后作业	习题册： 单元五　柴油机燃料供给系 课题 2　电控柴油机燃料供给系 实训报告： 1. 传感器检修 2. 电控分配泵及喷油电磁阀的检修				

五、相关资料和数据

A 型泵和 VE 型泵供油量调试参考值分别见表 5—1 和表 5—2。各型车用柴油机供油正时标记见表 5—3。

表 5—1　　　　A 型泵供油量调试参考值

控制齿条位置（mm）	转速（r/min）	供油量（mL/1 000 次）	不均匀度（%）
10. 2	1 450	71（额定供油量）	±3
10. 5	900	72（最大转矩供油量）	±3
9. 1	250	11. 8（怠速供油量）	±15

表 5—2　　VE 型泵供油量调试参考值

自动喷油提前装置调节臂的位置	转速（r/min）	供油量（mL/1 000 次）	LDA 阀进气压力（kPa）
最大位置	2 350	小于 10.0	80
	2 200	16.5 ~ 25.5	80
	2 000	30.0 ~ 38.0	80
	1 900	40.15 ~ 42.65	80
	1 500	42.75 ~ 45.25	80
	1 100	45.5 ~ 46.5	80
	800	36.5 ~ 37.5	80
	600	35.5 ~ 36.5	0
怠速位置	550	<20	
	400	5 ~ 15	
	350	<40	

表 5—3　　各型车用柴油机供油正时标记

车型	发动机型号	喷油泵第一分泵开始供油标记	发动机在压缩行程供油提前角标记
黄河 JN1150/110	6135Q	喷油泵联轴器上的定时刻线对准喷油泵轴承盖上的定时刻线	飞轮壳上的指针应指在飞轮上的刻度上止点前 28° ~ 31°
黄河 JN1150/110	6135Q - 1		飞轮壳上的小方针边凹槽对准飞轮上的刻度线，在长刻度线处有 - 25°标记
五十铃	—	—	飞轮壳检视孔上的指针对准飞轮圆周上的刻度

续表

车型	发动机型号	喷油泵第一分泵开始供油标记	发动机在压缩行程供油提前角标记
TD50A TD72L CVR146	DA120 DH100 6QA1	喷油泵轴承盖上的刻线与自动提前器外壳上的刻线对齐	DA120 在上止点前 17°处 DH100 在上止点前 17°处 6QA1 在上止点前 17°处
日野 KM KB KL ZM	DM100 EB300 EC100 ED100 EK100	喷油泵轴承盖上的刻线与自动提前器外壳上的刻线对齐	飞轮检视孔上的指针指向飞轮外圆上的曲轴转角（或曲轴前端的正时盘 1/6 记号后度数处与机体指针对正） DM100 在上止点前 18°处 EB300 在上止点前 17°处 EC100 在上止点前 18°处 ED100 在上止点前 21°处 EK100 在上止点前 18°处
菲亚特 650E	213A	喷油泵与驱动轴的连接接头上的标记以及和驱动轴联轴节装配的标记 0 对齐	飞轮壳上的指示箭头与刻在飞轮上的标记 A°/Pa 成一直线
菲亚特 682N3	213A/61	喷油泵体前端面上的刻线与自动提前器外壳上的刻线对齐	飞轮壳的开口与飞轮上的 A°/Pa24°标记对齐
三菱 DC 系列	8DC20W 6DC20W 6D20 8D6	喷油泵轴承盖上的刻线与自动提前器外壳上的刻线对齐	飞轮壳检视孔上的指针对准飞轮圆周上的 13°、16°、17°处刻线

续表

车型	发动机型号	喷油泵第一分泵开始供油标记	发动机在压缩行程供油提前角标记
日产 RD 系列	RD8 RD10	喷油泵轴承盖上的刻线与自动提前器外壳上的刻线对齐	飞轮壳检视孔上的指针对准飞轮圆周上的 18°处
日产	PE6		曲轴前端正时盘上止点前 16°与机体指针对齐
依发 W50 - L/K	4VD145/ 12 - 1SRW	喷油泵体前端面上的刻线与自动提前器外壳上的刻线对齐	飞轮壳上的缺口与飞轮上的 24°刻线字样对齐
斯堪尼亚 LT - 100	D11	喷油泵体上的刻线与凸轮轴接盘上的“6R”字样对齐	飞轮壳上的缺口与飞轮上的 24°刻线字样对齐
太脱拉 T138 T148 T815	太脱拉 T928 $T_2$928 - 1 $T_3$929 - 1	喷油泵凸轮轴上的刻线与泵体上的刻线对齐，喷油泵的第二分泵（从启动加浓装置一端算起）向发动机第一缸供油	发动机的前盖上的指针对准带轮轮毂上的刻度： T928 在上止点前 26° ~28° $T_2$928 - 1 在上止点前 24° ±1° $T_3$929 - 1 在上止点前 20° ±2°

六、技能鉴定参考试卷

项目一　喷油器调试

（一）试题类别

检修。

（二）考核时间

30 min。

（三）考核方法

现场实物操作。

（四）技术要求及操作步骤

1. 技术要求

（1）各缸喷油器的喷油压力应尽可能一致，一般相差不得超过 0.25 MPa。

（2）每次喷油时，伴随针阀的开启应有明显、清脆的爆裂声。

2. 操作步骤

在对喷油器调试之前，应首先对试验台的密封性进行检查。堵死高压油管出口，加压至 25.5 MPa 时，各接头处不应有漏油现象，且在 1 min 内压力下降值不应超过 2.04 MPa。把喷油器装到试验台上，放松调节螺钉，按动手柄若干次，以排除留在油管和喷油器内的空气，并检查连接部位是否漏油，如果不漏油，便可对喷油器进行调试。

（1）密封性的检查

将喷油器的调压螺钉旋入，然后均匀缓慢地用手柄压油。当喷油器压力上升至 23～25 MPa 时，停止压油。观察油压从 20 MPa 下降到 10 MPa 所需的时间，若在 9～20 s 之间，说明喷油器的密封性较好。若时间少于 9 s，可能是油管接头处漏油、针阀体与喷油器体平面配合不严和密封锥面封闭不严或导向部分磨损。

（2）喷油压力的检查

用手柄以 60～70 次/min 的频率压油，当开始喷油时压力表所指的数值即为喷油压力值，其数值应符合技术条件。如果该值不符合要求，可通过调压螺钉或调整垫片调整调压弹簧的预紧力。旋入调压螺钉，增加调压弹簧的压力，可提高喷油压力，反之则降低喷油压力。

（3）雾化的检查

喷油压力调好后，以 60～70 次/min 的频率使喷油器喷油，喷出的柴油应成雾状，不允许产生滴油和飞溅。

按动试验台手柄，将油压控制在 0.98～1.96 MPa，此时喷孔和固定螺母周围在 10 s 内不得出现滴漏现象，否则应重新装配和调整，仍不符合要求时，应换用新喷油器。

（五）考前准备

（1）工具准备

喷油器试验台、常用工具一套。

（2）考件准备

喷油器。

（六）考核要求

1. 能正确进行喷油器的检查。

2. 能对不能满足试验要求的喷油器进行调整。

（七）注意事项

1. 操作时注意保护针阀偶件头部，不要划伤或碰伤人。

2. 注意各连接部位是否漏油，避免柴油喷出。

（八）配分、评分标准

序号	作业项目	考核内容	配分	评分标准	评分记录	扣分	得分
1	试验台调试	试验台密封性检查	20	1. 试验台密封性检查不正确扣10分 2. 检查时未排空气扣15分			
2	检查	密封性检查	20	1. 密封性检查方法不正确扣10分 2. 检查结果不正确扣10分			
		喷油压力检查	20	1. 喷油压力检查方法不正确扣10分 2. 检查结果不正确扣10分			
		雾化检查	20	1. 雾化检查方法不正确扣10分 2. 检查结果不正确扣10分			

续表

序号	作业项目	考核内容	配分	评分标准	评分记录	扣分	得分
3	安全文明生产	1. 正确使用工具、仪器 2. 遵循安全规程，操作现场整洁	10	1. 违反安全操作规程，按不及格处理 2. 工具使用不当，零件、工具落地，一次扣2分 3. 人为导致机件损坏扣5分；损坏两处以上，按不及格处理；因操作不当发生重大事故，按0分计			
4	操作时间	时间30 min	10	1. 在规定时间内完成不扣分，每超1 min扣2分 2. 超出规定时间6 min,按不及格处理			
5	分数合计		100				

项目二　A型喷油泵的拆装

(一) 试题类别

拆装。

(二) 考核时间

30 min。

(三) 考核方法

现场实物操作。

(四) 技术标准和操作步骤

1. 技术要求

（1）滚轮体在泵体孔内应运动自如，配合间隙应不大于0. 15 mm；滚轮轴与轴孔的配合间隙不大于0. 05 mm；滚轮轴与衬套、衬套与滚轮之间的配合总间隙不应大于0. 20 mm。

（2）供油齿杆直线度误差应不大于0. 05 mm，否则应冷压校正；齿杆与调节齿圈的啮合间隙应不大于0. 20 mm。将供油齿杆固定在中间供油量位置，供油齿杆在泵体外露出17. 5 mm。

2. 操作步骤

（1）A 型喷油泵的分解

1）将喷油泵总成在万向台虎钳上夹持牢固，拆下放油螺塞，放净泵体内机油。

2）拆下侧盖，用插片使滚轮体保持在最高位置（即转动凸轮轴，使滚轮体升至最高位置，插入插片）。

3）将调速器与喷油泵分离，用专用套筒取下联轴器。

4）进行喷油泵分解。

①拆除凸轮轴中间轴承的固定螺栓。

②用“L”形扳手取下泵体底部的螺塞。

③拧下轴承前盖固定螺栓，小心地撬下轴承盖，敲击凸轮轴调速器端，从泵体前端取出凸轮轴及中间轴承。取凸轮轴时应注意安装方向，并注意保护中间轴承。

④从泵体底部螺塞孔内拧入顶持器，将滚轮体顶起，抽出插片，然后退出顶持器手柄，利用柱塞弹簧将滚轮体总成弹出，再利用滚轮体取出器伸进凸轮室内，从侧面夹住滚轮体取出。

⑤用专用工具从泵体底部螺塞孔内取出柱塞、柱塞弹簧及弹簧座。

⑥从泵体侧窗取下调节齿圈和控制套筒。

⑦拆下出油阀压紧帽、减容器、出油阀弹簧及出油阀总成。

⑧拆下泵体背面的供油齿杆导向螺钉，从调速器一端拉出供油齿杆。

（2）A 型喷油泵的检查

1）柱塞偶件的外观检验。柱塞偶件经清洗后，先进行目测检查，发现柱塞工作表面有明显的磨损痕迹，柱塞弯曲或头部变形，柱塞或柱塞套有裂纹，柱塞头部斜槽、直槽及环槽边缘有拉伤、剥落或锈蚀等现象，柱塞套的内圆柱表面有锈蚀或显著的刻痕时，应进行更换。

2）柱塞偶件的滑动性试验。将柱塞与柱塞套保持与水平线成60°夹角，抽出柱塞1/3长度后松手，柱塞能自动慢慢地滑下即为良好。

3）柱塞偶件的密封性试验。一手握住柱塞套，用两个手指堵住柱塞套顶上和侧面的进油孔，另一手拉出柱塞，应感觉到有显著的吸力。放松柱塞时，柱塞能立即退回原位即为良好。

4）出油阀偶件的外观检验。如果发现锥形密封面磨损严重或有较深的划痕及金属剥落现象，出油阀减压环带严重磨损或拉伤，出油阀座变形或有裂纹等，应予以更换。

5）出油阀偶件的滑动性试验。将清洗干净的出油阀偶件垂直放置，将出油阀抽出1/3左右，放手后，出油阀应能在自重下缓慢落座。将出油阀转过一个角度重复上述试验，结果应一致。

6）出油阀偶件的密封性试验。用手指堵住出油阀座的下方孔，出油阀下落到减压环带进入阀座时应能停住。在此位置用手指轻轻压入出油阀，放松手指后，出油阀应能弹回原位，手指从下方孔移开时，出油阀应能在自重作用下完全落座。

7）凸轮轴及轴承的检修。凸轮轴出现裂纹，凸轮表面磨损、剥落，支撑轴颈磨损与轴承松旷，驱动输油泵偏心轮磨损，均应换新件。同时还应检查凸轮轴两端螺纹是否损伤，键槽是否损坏，轴承表面是否剥落、损坏或烧伤。

（3）A型喷油泵的装配

1）供油齿杆的装配。将供油齿杆固定在中间供油量位置。

2）柱塞套的装配。安装时要使泵体上的定位螺钉（或定位销）对准柱塞套外表面的导向竖槽，当感到柱塞套上下能移动，左右只有微量摆动时，拧紧定位螺钉。

3）出油阀及其压紧帽的装配。将出油阀放入泵体内柱塞套的上端，装入出油阀弹簧及压紧帽。

4）控制套筒的装配。使调节齿圈凸耳朝外，将齿圈及控制套筒装入泵体，使齿圈与齿杆相啮合。拉动供油齿杆检查，其行程应为21 mm，否则应重新调整齿圈与齿杆的相对位置。

5）柱塞及柱塞弹簧的装配。将柱塞弹簧上座及柱塞弹簧安装到控制套筒上，弹簧下座装到柱塞上，并一起装入相应的套筒中，同时使柱塞下部的凸缘块准确地装进控制套筒的凹槽内。在装配时，柱塞十字凸缘块有标记“A”（或缺口）的一侧应朝向检查口。

6）滚柱体总成的装配。用专用夹具将滚柱体总成推入泵体的座孔中，并用力向上推压，立即装入插片。

7）凸轮轴的装配。从泵体前端装入凸轮轴、轴承、轴承盖及油封，然后转动凸轮轴，依次取下插片。

8）检查供油齿杆的运动阻力。一般不应大于1.5 N。

9）装入联轴器、输油泵及调速器总成。

（五）考前准备

1. 工具准备

常用工具一套。

2. 检测设备

用于清洗、试验用的油液一盆。

3. 考件准备

A型喷油泵一只。

（六）考核要求

1. 按照正确的操作规程使用工具进行喷油泵的拆装。

2. 喷油泵拆装后，应符合规定的性能要求。

（七）注意事项

1. 喷油泵拆卸后的零部件应按原装配关系放置在清洁的工作

台上，精密偶件要放在单独器皿内。用滤清过的轻柴油清洗或存放。

2. 进行清洗后用压缩空气吹干。柱塞偶件表面刻有配偶编号及标记，不得错乱，必要时要补印识别标记。

（八）配分、评分标准

序号	作业项目	考核内容	配分	评分标准	评分记录	扣分	得分
1	操作步骤及工艺	喷油泵拆装	55	步骤严重混乱扣15分，局部混乱扣5分			
				装配错误一处扣10分，返工一次扣5分			
				检测或修理项目不符合要求扣15分，严重者不得分			
				1. 调整方法错误一次扣10分 2. 调整不符合要求一处扣5分			
2	文明生产	零件摆放	20	零件摆放混乱扣10分			
		工作场地		工作场地乱扣10分			
3	正确使用工、量具	1. 正确使用工具、仪器 2. 遵循安全规程，操作现场整洁	15	1. 违反安全操作规程，按不及格处理			
				2. 工具使用不当，零件、工具落地一次扣2分			
				3. 人为导致机件损坏扣5分，损坏两处以上按不及格处理，因操作不当发生重大事故按0分计			

续表

序号	作业项目	考核内容	配分	评分标准	评分记录	扣分	得分
4	操作时间	时间25 min	10	1. 在规定时间内完成不扣分，每超 1 min 扣 2 分			
				2. 超出规定时间 6 min,按不及格处理			
5	分数总计		100				

项目三　喷油泵总成的调试（柱塞泵）

（一）试题类别

检修。

（二）考核时间

30 min。

（三）考核方法

现场实物操作。

（四）技术要求及操作步骤

1. 技术要求

（1）第一缸供油预行程标准为 3. 3 mm，允许误差一般为 ±0. 05 mm。若预行程大于 3. 3 mm，可逆时针转动调整正时螺钉；反之，则顺时针转动调整正时螺钉。调好后将锁紧螺母拧紧。

（2）在满足各缸供油量需求的前提下，各缸供油量要均匀。

2. 操作步骤

（1）调试前的准备

工作根据喷油泵的型号，选择合适的高压油管、喷油器及支撑垫块；把喷油泵固定在试验台上，连接好高、低压油管；在喷油泵凸轮轴室及调速器室加入适当的机油；将喷油泵供油齿杆移到不供油位置，松开喷油器放气螺钉，启动试验台，排除油路中空气，然后再拧紧放气螺钉；提高试验台转速至600～800 r/min，全负荷运转2～3 min，检查喷油泵运转是否正常，发现故障及时排除。

（2）喷油泵总成的调试

1）供油预行程的检查与调整。将供油齿杆放在额定工况位置，拆除第一缸高压油管、出油阀压紧座、出油阀弹簧和出油阀，装上带有旁通溢流管的专用工具。调节喷油泵低压腔的试验油压力，使油通过出油阀阀座上的孔从旁通管流出。转动喷油泵凸轮轴，使柱塞处于下止点极限位置，使表的指针位于0位，再转动凸轮轴直至试验油不再从溢流管流出为止，这时测量表的读数即为第一缸供油预行程。

2）各缸供油始点及供油间隔角的调整。利用试验台飞轮盘上的刻度，取任意角度为第一缸基准。拆除专用工具，装回出油阀，按规定力矩（4.5 N·m）拧紧出油阀压紧座，打开专用工具的溢流阀，提高油压使溢流管出油为止，再用手柄按喷油泵的旋转方向缓慢转动凸轮轴，到溢流管停止流油的瞬间即到了开始供油始点。此时提前器上的刻线应与喷油泵上的刻线对准，否则应重新在提前器上打标记，同时取消原标记。

以第一缸供油时刻始点为基准，按柴油机着火顺序（1–5–3–6–2–4），依次检查其余各缸供油始点与第一缸供油始点的夹角（称为供油间隔角），其间隔角为60°±0.5°凸轮轴转角。供油间隔角可通过增减滚轮体垫片厚度或改变调整螺钉高度进行调整。检查时将供油齿杆固定在标定供油位置。

（3）调速器的调试（RFD型调速器）

1）供油齿杆“0”位的确定。首先适当放松控制臂的高速及怠速限位螺钉，取下怠速稳速螺塞和供油齿杆限位器，装好齿杆行程测量装置，将速度控制臂拨到适当位置，使调速器能在

500 ~ 600 r/min 时起作用。然后提高喷油泵试验台转速，使供油齿杆向减油方向移动，直到供油齿杆的位置不再随试验台转速升高而后移为止。此时便是供油齿杆的“0”位，将齿杆行程测量装置对准零位。

2）标定工况的调整。将调速器手柄向加油方向推到底，然后慢慢提高试验台转速，注意观察供油齿杆位置的变化。当超过额定转速时，飞块离心力大于调速弹簧弹力时，推动齿杆向减油方向移动，这时的转速就是调速器起作用的转速。该转速与此时的供油齿杆行程应符合要求。

3）校正工况起作用转速及校正行程的调试。首先将节气门手柄向加油方向推到底，速度控制手柄向高速方向扳到底，将试验台转速提高到额定转速，然后慢慢降低试验台转速，并观察供油齿杆，齿杆刚开始向加油方向移动时所对应的转速，即为校正工况起作用转速。

继续降低试验台转速，供油齿杆刚刚停止向加油方向移动时所对应的转速为校正工况的终止转速。

校正工况起作用转速到终止转速供油齿杆所移动的距离即为调速器的校正行程。

4）怠速工况的调试。将喷油泵在低于怠速转速下运转，缓慢转动操纵臂（节气门手柄），当喷油泵刚开始供油时，将手柄固定。然后逐渐提高喷油泵转速，同时观察齿杆变化，当齿杆开始向减油方向移动时，这时的转速就是调速器起作用的转速。

（4）喷油泵供油量的试验与调整

1）标定工况油量的调试。使喷油泵以标定转速运转，并将供油齿杆置于最大供油量位置，测量喷油 300 次后各缸的供油量及其不均匀度。如不符合要求，则可松开调节齿圈的紧固螺钉，改变调节齿圈与控制套筒的相对位置来调整。

2）校正供油量的调试。将供油齿杆或调速手柄推至最大位置，使喷油泵以校正工况起作用的转速运转，测量喷油 300 次的供油量。如过大或过小，可在许可范围内适当改变校正行程进行调整。供油不均匀时，可改变调节齿圈与控制套筒的相对位置来调整。

3）怠速供油量的调试。使喷油泵在怠速条件下运转，缓慢向加油方向扳动节气门手柄，当喷油器刚开始滴油时，固定手柄，观察喷油 200 次的喷油量，如不符合要求，则可调整调速器上的怠速螺钉。拧入时供油量增加，反之减少，如供油量超差太大，则应更换出油阀偶件。

4）启动供油量的调试。使喷油泵以 100 r/min 的转速运转，节气门手柄扳到全负荷位置，测量喷油 300 次的供油量。如不符合要求，可通过改变齿杆限位器的位置进行调整。

（五）考前准备

1. 工具准备

喷油泵试验台、专用工具、常用工具一套。

2. 考件准备

柱塞式喷油泵。

（六）考核要求

1. 能正确进行喷油泵的检查。

2. 能对不能满足试验要求的喷油泵进行调整。

（七）注意事项

1. 注意喷油泵调试的顺序。

2. 注意保护喷油泵的精密偶件。

（八）配分、评分标准

序号	作业项目	考核内容	配分	评分标准	评分记录	扣分	得分
1	试验台调试	试验台性能检查	10	1. 试验台连接不正确扣 5 分 2. 试验台检查不正确扣 5 分			

续表

序号	作业项目	考核内容	配分	评分标准	评分记录	扣分	得分
2	喷油泵总成的调试	供油预行程检查与调整	15	1. 供油预行程的检查方法不正确扣5分 2. 供油预行程的调整方法不正确扣10分			
		各缸供油始点及供油间隔角的调整	15	1. 各缸供油始点及供油间隔角的检查方法不正确扣5分 2. 各缸供油始点及供油间隔角的调整方法不正确扣10分			
		调速器调试	20	1. 调速器调试不正确扣10分 2. 调速器调试不完整扣10分			
		喷油泵供油量的试验与调整	20	1. 喷油泵供油量的试验方法不正确扣10分 2. 喷油泵供油量的调整方法不正确扣10分			
3	安全文明生产	1. 正确使用工具、仪器 2. 遵循安全规程，操作现场整洁	10	1. 违反安全操作规程，按不及格处理 2. 工具使用不当，零件、工具落地，一次扣2分 3. 人为导致机件损坏扣5分，损坏2处以上按不及格处理，因操作不当发生重大事故按0分计			

续表

序号	作业项目	考核内容	配分	评分标准	评分记录	扣分	得分
4	操作时间	时间20 min	10	1. 在规定时间内完成不扣分，每超 1 min 扣2 分 2. 超出规定时间 6 min，按不及格处理			
5	分数总计		100				

单元六　润滑系和冷却系

一、教学目标

1．掌握润滑系的功用、组成及工作原理。

2．掌握润滑系主要机件的作用、结构、工作过程、拆装步骤、维护及检修工艺。

3．了解曲轴箱通风的目的和形式。

4．掌握冷却系的作用、组成和工作原理。

5．掌握冷却系主要机件的作用、结构、工作过程、拆卸步骤、维护及检修方法。

6．熟悉冷却液大、小循环的循环路线。

二、学时分配

教学内容	总学时	理论学时	实习学时
课题 1　润滑系	12	2	10
课题 2　冷却系	12	2	10

三、补充教学资料

1．汽车发动机冷却电动风扇的作用与工作原理

汽车的使用条件千差万别，环境温度在 -40 ~ 50℃之间变化。但发动机的最佳工作温度是相对固定的，要保证发动机在最佳温度下工作，就必须使冷却系的散热能力和实际情况相协调。

现代汽车发动机都采用强制冷却液循环进行散热。并采用冷却风扇强制通风，以增强冷却能力。但在环境温度低和发动机负荷小时，强制通风是多余的，且冷却风扇的转动还要消耗发动机的动力。要解决这个问题，使用能控制的发动机冷却电动风扇是一个理想的办法。

发动机冷却电动风扇和发动机没有直接关系，风扇的尺寸和布置自由度大。它主要由温度控制开关、风扇马达、马达继电器等组成。冷却风扇由马达直接带动，马达除受点火开关和点火主继电器控制外，还受温度开关控制，温度开关在水温低于83℃时闭合、90℃时断开。电路的工作过程是：点火开关断开时，点火主继电器无电流，马达被短路。马达继电器的线圈不管温度开关是否接通均无电流，此时马达通过主继电器接地。无电流通过，所以风扇不工作。点火开关接通，冷却水的温度低于83℃时，点火主继电器电路接通，但温度开关因水温较低而触点闭合，马达继电器动作，马达电路断路，风扇不工作。点火开关在接通位置，水温升到90℃时，温度开关触点受温度影响而断开。马达继电器线圈断路，风扇开始转动进行强制通风散热。由上可知，风扇马达在温度开关的控制下进行间断工作，使发动机温度保持在80～90℃。即发动机的最佳工作温度。

2. 汽车发动机常用冷却风扇离合器的类型与特点

近年来，进口汽车发动机上都装有不同型式的冷却风扇离合器。离合器装在风扇的传动系统中以改变风扇的转速或工作状态，从而改变冷却系统的冷却强度，使之适应发动机的各种环境和工况。减少功率和燃料的消耗及降低噪音。目前应用最广泛的离合器有硅油式、电磁式和气动式离合器。小型发动机多采用硅油式离合器。常用的几种冷却风扇离合器的特点见表6—1。

表 6—1　　常用的几种冷却风扇离合器的特点

分类	名称	控制方法	特性	
			温度控制性能	可靠性/维修性
有温度传感器	调制风扇离合器	蜡式传感器 摩擦盘 黏性油	最好	差
	电动风扇离合器	恒温器 电动机	好	好
	黏性风扇离合器	双金属片 黏性油	好	好
	电磁风扇离合器	恒温器 电磁铁	好	差
无温度传感器	转矩风扇离合器	黏性油	一般	好
	磁性风扇离合器	磁铁	一般	一般

3. 冷却风扇电磁式离合器的结构和工作原理

冷却风扇电磁式离合器的结构形式分为两大类，一类有炭刷，另一类无炭刷，但工作原理是一样的。图 6—1 所示是一种有炭刷电磁式离合器的结构，离合器总成用螺钉固定在水泵轴上。离合器的主动部分包括带 V 带槽的电磁壳体、线圈、滑环和摩擦片。从动部分包括用环轴承装在磁铁壳体上的风扇毂和可以随导销做轴向移动的衔铁环等。线圈常用环氧树脂固定，引线壳体装在防护罩上，炭刷靠弹簧压在滑环上，从水温开关引来的导线接在接线柱上。

当冷却水的温度低于 92℃时，水温开关的电路不通，离合器线圈不通电。离合器处于分离状态，风扇不转动；当水温高于 92℃时，水温开关电路接通，离合器线圈通电。电磁壳体吸引衔

图 6—1　有炭刷电磁离合器

铁环，将摩擦片压紧，离合器处于接合状态。风扇开始转动。强制通风散热，使冷却系的水温保持在 92℃左右。电磁式离合器常见的故障有炭刷卡滞、导向衬套内的螺栓卡住或磨损衔铁环等。出现这类故障时，应分解电磁式离合器进行修理。

4. 冷却风扇硅油式离合器的结构和工作原理

冷却风扇硅油式离合器又称黏性油式离合器，是靠主动件、从动件间的硅油的黏性剪切作用来传递转矩的，因此，在工作过程中，主动件、从动件既不可能完全分离，也不可能完全锁住。常用的硅油式离合器的结构如图 6—2 所示。主动板用螺钉固定

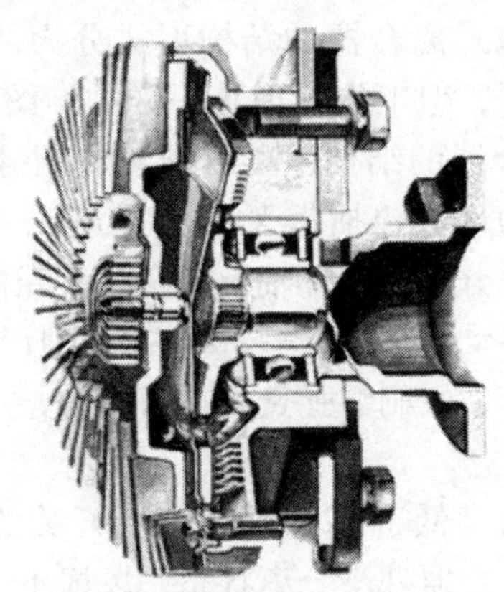

图 6—2　冷却风扇硅油式离合器结构

在主动轴上，主动轴与水泵轴连接，从动板由螺钉将其夹在前盖和壳体之间，通过轴承将两者支撑在主动轴上，风扇装在壳体上。前盖与从动板之间的空间形成储油室，从动板与壳体之间的空间构成离合器的动作室。主动板上有一个进油小孔。平时阀片将进油口关闭，硅油不能进入动作室。主动板外缘有一个回油孔，平时环阀在弹片的作用下将回油孔关闭。此时主动轴虽然旋转，但因工作室内硅油量甚少，能传递的转矩很小。离合器壳体和风扇在主动轴上打滑，风扇转速很低，强制通风能力差。

硅油式离合器的前端装有双金属感温器，能感知通过发动机散热器的气流温度。该温度与发动机水温成正比。当发动机冷却水的温度达到或超过规定值时，双金属感温器动作。通过阀片轴使与其相连的阀片转动，进油孔打开，储油室里的硅油便进入工作室。由于工作室内硅油量增加，主动板与从动板间的转速差形成黏性剪切作用，便风扇处于部分接合状态而转动。通过发动机散热器的气流温度越高，双金属感温器的变形越大，阀片的转动角度越大，进油孔的开度越大。从储油室流到工作室的硅油越多，风扇转速越高，强制通风能力越强，从而自动控制风扇的转速。

进入工作室的硅油在离心力作用下被甩向工作室的外围，并通过主动板外缘上的单向环又回到储油室。工作中硅油不断循环，以防止由于工作室中硅油温度过高而影响其黏度。为此，壳体和前盖上设有散热片，以加强对硅油的冷却。当发动机温度降低时，控制阀片将进油口关闭。硅油不再进入工作室，而工作室内的硅油继续通过环阀回到储油室。直到硅油被甩空，离合器又处于分离状态。这种离合器的转速在输入转速的45% ~90%间无级变化。其结构简单、使用可靠、价格低，在进口小客车发动机上应用很广泛。

硅油式风扇离合器的常见故障有硅油泄漏、阀片轴卡滞、阀片变形等。发动机温度高时，风扇转速不够，可能是由以上故障引起，应分解离合器检查。如硅油泄漏应补加，但不能用其他油料代用。

5．机油选择举例

（1）桑塔纳轿车

上海桑塔纳轿车使用说明书规定选用三种润滑油：单标号、多标号和改良润滑油。出厂时，发动机润滑油加的是多级优质机油 API－SF 或 SE。此外，也可使用改良润滑机油 VW5000、上海炼油厂生产的多级机油 SAE15W/40、深圳中国太阳石油公司生产的太阳牌机油 API－SE 或 SF。

（2）北京 BJ2021 切诺基汽车

API 分级的润滑油应使用 SF 级机油；SAE 分级推荐以下牌号：16℃时使用 SAE30 号；1℃时用 20 W/50、20 W/40；－18℃时使用 10 W/40、10 W/30。

（3）斯太尔 91 系列汽车

自然吸气发动机规定使用三类机油：MIL－L－2104B 或 MIL－L－46152，相当于 API 的 CC 级；多级机油 20 W/40（全年通用）、SAE30 号（夏季）、SAE20 号（冬季）。或者使用MIL－L－2104C，相当于 API 的 CD 级。增压发动机规定使用 MIL－L－2104C。相当于 API 的 CD 级机油；多级机油 20W/40（全年通用），单级机油 SAE30 号（夏季）、SAE20 号（冬季）。或者选用 MIL－L－2104C－PIUC，相当于 API 的 CD－PIUS。

（4）奥迪汽车

1）规定其黏度牌号为 VW50101 多范围机油、标号 VW50000 高级润滑机油和标号 VW50500 高性能发动机机油（两者的容器上必须标有技术条件，以上均为德国大众公司标准）。

2）仅在特殊情况下可用多级机油和单级机油，使用的标号为 API－SE（美国汽油机机油标号），相当于我国北京长城高级润滑油 SAE10W/30 号和 15W/40 号黏度级别。

3）要注意多级机油和单级机油的使用温度范围，根据季节和温度的变化，必须随时更换，选择适当温度范围的机油。

（5）解放 CA1091 型载货汽车

1）规定夏季使用 SD 级 30 汽油机润滑油，冬季使用 SD 级 10W/30 汽油机润滑油。

2）SD10W/30 为多级润滑油，除极寒冷地区外，一年四季都可通用。

3）也可以用 SE 级 30 号、SE 级 15W/30 号或进口 SE 级 30 号汽油机润滑油、CC 级 30 号柴油机润滑油等代用。

4）夏利汽车一般规定使用 API 分类 SE 级、黏度 SAE10W/30。

5）华利汽车使用 SC 或 SD 级汽油机油：－5℃以上用 SAE30，－15℃以上用 SAE15W/40 或 14 号高级轿车机油，－23℃以上用 SAE1OW/30 或 11 号高级轿车机油，－30℃以下用 SAE5W/30 机油。

6）CA61l0A 柴油发动机规定一般地区气温在 0～30℃时，全年使用 CA 级 40 号柴油机润滑油；气温在－5～15℃时，冬季用 CA 级 20 号、30 号柴油机润滑油。

四、教材分析和教学建议

发动机工作时，相对运动的零件表面之间必然会产生摩擦，摩擦将导致零件的磨损和温度升高，磨损下来的金属屑附着在工作表面上将加剧零件的磨损。润滑系的主要功用是润滑、冷却、清洗、密封、减振缓冲、防锈、液压控制等。冷却系的功用是将这些受热零件吸收的部分热量及时散发出去，保证发动机各零件在最适宜的温度下工作。

本单元主要任务：通过对润滑系和冷却系统的组成、原理学习，熟悉发动机润滑系和冷却系的组成，各主要总成的结构、工作过程，能熟练拆装及检测润滑系和冷却系的主要部件，具备诊断与排除冷却系常见故障的能力。

课题1 润 滑 系

教学重点

1. 掌握润滑系的功用、组成及工作原理。

2. 掌握润滑系主要机件的作用、结构、工作过程、拆装步骤、维护及检修工艺。

3. 了解曲轴箱通风的目的和形式。

教学难点

润滑系故障诊断与检修。

教学前准备

<table>
<tr><td>学生知识准备</td><td colspan="2">1. 已学习过汽车发动机润滑系的结构认知，掌握汽车维修工具的使用
2. 预习课题1 润滑系</td></tr>
<tr><td>场地要求</td><td colspan="2">1. 能够容纳20名学生的汽车发动机理实一体化教室（约100 m^2）
2. 投影仪一台</td></tr>
<tr><td rowspan="2">设备</td><td>名称</td><td>数量</td></tr>
<tr><td>上海桑塔纳JV型汽车发动机台架</td><td>4</td></tr>
<tr><td rowspan="4">工具</td><td>名称</td><td>数量</td></tr>
<tr><td>塞尺</td><td>4</td></tr>
<tr><td>油盆</td><td>4</td></tr>
<tr><td>常用维修工具</td><td>4</td></tr>
<tr><td>耗材</td><td colspan="2">清洁布若干、机油（备用）、毛刷</td></tr>
</table>

讲授新课：润滑系。

步骤	教学内容	教学方法	教学手段	学生活动	时间分配
告知（教学内容、目的）	通过本课题的学习，使学生掌握润滑系的功用、组成、工作原理及主要机件的作用、结构、工作过程，使学生能够对润滑系进行正确的拆装、维护、检修及故障诊断和排除	讲授	PPT		3 min
引入（任务）	任务：润滑系	讲授	PPT		2 min
教学内容（一）	润滑系的功用	讲授	PPT、实物演示		15 min
教学内容（二）	发动机的润滑方式	讲授	PPT、实物演示		10 min
教学内容（三）	润滑系的工作原理	讲授	PPT、实物演示		20 min
教学内容（四）	润滑系的组成	讲授	PPT、实物演示		30 min

续表

步骤	教学内容	教学方法	教学手段	学生活动	时间分配
训练任务说明	1. 分组练习：每5人一组，分工合作进行项目练习 2. 分组操作时，注重培养学生团队友善协作意识和诚实守信原则，同时注意操作安全	叙述			5 min
训练	润滑系的维护及故障诊断	一体化	教师指导	学生分组操作	390 min
归纳总结	知识点： 1. 掌握润滑系的功用、组成及工作原理 2. 掌握润滑系主要机件的作用、结构、工作过程 3. 了解曲轴箱通风的目的和型式 能力点： 1. 能够对润滑系进行正确的拆装、维护及检修 2. 能够对润滑系进行正确的故障诊断和排除	讲授	PPT		5 min
课后作业	习题册： 单元六　润滑系和冷却系 课题1　润滑系 实训报告：润滑系的维护及故障诊断				

课题2　冷　却　系

教学重点

1. 掌握冷却系的作用、组成及工作原理。
2. 掌握冷却系主要机件的作用、结构及工作过程。
3. 熟悉冷却水大、小循环的循环路线。

教学难点

1. 冷却系拆装步骤、维护及检修工艺。
2. 冷却系故障诊断与检修。

教学前准备

<table>
<tr><td>学生知识准备</td><td colspan="2">1. 已学习过汽车发动机冷却系结构的认知，掌握常用维修工具的使用
2. 预习课题2冷却系</td></tr>
<tr><td>场地要求</td><td colspan="2">1. 能够容纳20名学生的汽车发动机理实一体化教室（约100 m²）
2. 投影仪一台</td></tr>
<tr><td rowspan="2">设备</td><td>名称</td><td>数量</td></tr>
<tr><td>上海桑塔纳JV型汽车发动机台架</td><td>4</td></tr>
<tr><td rowspan="6">工具</td><td>名称</td><td>数量</td></tr>
<tr><td>测温计</td><td>4</td></tr>
<tr><td>检漏仪</td><td>4</td></tr>
<tr><td>鲤鱼钳</td><td>4</td></tr>
<tr><td>接水盆</td><td>4</td></tr>
<tr><td>常用维修工具一套</td><td>4</td></tr>
<tr><td>耗材</td><td colspan="2">清洁布若干、机油（备用）</td></tr>
</table>

讲授新课：冷却系。

步骤	教学内容	教学方法	教学手段	学生活动	时间分配
告知（教学内容、目的）	通过本课题的学习，使学生掌握冷却系的作用、组成及主要机件的作用、结构、工作过程，使学生能够对冷却系进行正确的拆装、维护、检修及故障诊断和排除	讲授	讲授		3 min
引入（任务）	任务：冷却系	讲授	PPT		2 min
教学内容（一）	散热器	讲授	PPT、实物演示		10 min
教学内容（二）	储液罐	讲授	PPT、实物演示		15 min
教学内容（三）	节温器	讲授	PPT、实物演示		20 min
教学内容（四）	水泵	讲授	PPT、实物演示		20 min
教学内容（五）	风扇	讲授	PPT、实物演示		10 min

续表

步骤	教学内容	教学方法	教学手段	学生活动	时间分配
训练任务说明	1. 分组练习：每5人一组，分工合作进行项目练习 2. 分组操作时，注重培养学生团队友善协作意识和诚实守信原则，同时注意操作安全	叙述			5 min
训练（一）	冷却系的拆装、维护及检修	一体化	教师指导	学生分组操作	180 min
训练（二）	冷却系的故障诊断与检修	一体化	教师指导	学生分组操作	200 min
归纳总结	知识点： 1. 掌握冷却系的作用、组成及工作原理 2. 掌握冷却系主要机件的作用、结构、工作过程 3. 熟悉冷却水大、小循环的循环路线 能力点： 1. 能够对冷却系进行正确的拆装、维护及检修 2. 能够对冷却系故障进行正确的诊断和排除	讲授	PPT		5 min
课后作业	习题册： 单元六　润滑系和冷却系 课题2　冷却系 实训报告： 1. 冷却系拆装、维护及检修 2. 冷却系故障诊断与检修				

五、相关资料和数据

国产与进口汽油机油、柴油机油的换算关系分别见表 6—2、表 6—3。常用汽油机、柴油机润滑品质级别、牌号及使用范围分别见表 6—4、表 6—5。三菱 DC 系列柴油机水泵修理尺寸见表 6—6。国产主要机型水泵流量试验见表 6—7。

表 6—2　　国产与进口汽油机油的换算关系

API 分级	SAE 分级	国产规格	
		新标准	老牌号
SA			
SB	SAE20 SAE30 SAE40	SB20 SB30 SB40	6 10 15
SC	SAE10W/30	SC30、SC40、15W/30、10W/30	稠化机油 11 号
SD	SAE20W/40	SD30、SD40、10W/30、15W/40、20W/40	高级轿车稠化机油
SE		SE30、5W/30、40、10W/30、15W/40	

表 6—3　　国产与进口柴油机油的换算关系

API 分级	美军规格	SAE 分级	国产规格	
			新标准	老牌号
CA	MIL—L—2104A	SAE20 SAE30 SAE40	CA20、CA30 40 50	8 11 14、18
CB	MIL—L—2104B	SAE30		低增压 11 号
CC		SAE40	CC30、CC40、20/20W、5W/30、15W/40	低增压 14 号
CD	MIL—L—2104C	SAE30 SAE40	CD30、CD40、15W/40 10W、20/20W、5W/30	中增压 11 号 中增压 14 号

表 6—4　常用汽油机润滑品质级别、牌号及使用范围

品质级别	牌号	使用范围
SB 级汽油机润滑油	20SB6 30SB10 40SB15	北方地区冬季 南方全年或北方夏季 南方夏季磨损较大的汽车
SC、SD 级润滑油	30SC、40SC、30SD、40SD 等	除寒区、严寒区外，其他地区全年通用
SB、SD、SE、SF 多级润滑油	5W/20SB 10W/30SB、10W/30SF	严寒区冬季 -30℃以上寒区全年通用
	15W/30SB、20W/30SB 20W/30SD、20W/30SE	除严寒区外，其他地区全年通用
	20W/40SD、20W/40SE	除严寒区外，其他地区重负荷汽油机汽车全年通用

表 6—5　常用柴油机润滑品质级别、牌号及使用范围

品质级别	牌号	使用范围
CA 级润滑油	20CA	北方地区冬季
	30CA	南方全年或北方夏季
	40CA	南方负荷较大、磨损较大的汽车
CC 级、CD 级润滑油	20CC、20CD	北方地区冬季
	30CC、30CD	南方全年或北方夏季
	40CC、40CD	南方重负荷柴油机汽车
CC 级、CD 多级润滑油	15W30CC	除严寒区外全年通用
	15W/40CC 15W/40CD 20W/40CD	除寒区、严寒区外，重负荷柴油机全年通用

表 6—6　三菱 DC 系列柴油机水泵修理尺寸　mm

名称		公称尺寸	装配标准
水泵叶轮	叶片前间隙	—	0.5～1.0
	叶片后间隙	—	0.5～1.0
水泵轴外径和内座圈		ϕ25	－0.028～0.031
水泵轴承和轴承外座圈		ϕ62	－0.016～0.035
		ϕ52	
风扇带轮轴和轴承内座圈		ϕ20	－0.016～0.035
水泵密封圈高度		30.5	装配时必须换新品
陶瓷浮动座厚度		0.5	
密封圈突出高度		1.5	

表 6—7　国产主要机型水泵流量试验

机型 / 项目	EQ6100－1	492Q	6135Q	6120Q－1	X6130
水泵轴转速（r/min）	2 000	4 000	2 250	1 350	3 000
流量（L/min）	＞200	137	204	70	320～340
扬程/（m）	＞5		5	6～7	14.8

六、技能鉴定参考试卷

项目　水泵的检修与拆装

（一）试题类型

检修与拆装。

（二）考核时间

30 min。

（三）考核方法

现场实物操作。

（四）技术要求及操作步骤

1. 技术要求

（1）要求水泵各零件按原位装入。

（2）装水泵油封的时候要涂抹润滑油。

2. 操作步骤

（1）水泵的解体

1）从发动机上拆下水泵总成的步骤如下：

①打开散热器和发动机的放水开关，把冷却液放到清洁的容器里。

②松软管环箍，拆下散热器进、出水软管和旁通软管，在装有取暖器的汽车上要拆开取暖器软管。

③卸下风扇传动带。

④将风扇离合器主动轴与水泵风扇传动带轮连接在一起的螺栓和螺母及垫圈卸下，取下风扇离合器及风扇总成（无风扇离合器时，可拆下风扇与其传动带轮的连接螺栓，卸下风扇总成）。

⑤拧下水泵固定螺栓，然后拆下水泵总成。

2）水泵总成安装回发动机原位。按与解体时相反的顺序进行，并注意以下问题：

①安装时应换用新衬垫。

②调整风扇传动带的挠度至符合要求。

③将水泵安装完毕后，接好冷却系统各软管，加入冷却液，启动发动机，检查水泵的工作情况及冷却系是否泄漏，必要时进行调整和检修。

3）水泵的解体

①松开水泵盖板螺栓，取下水泵盖板及密封垫片，在台虎钳

夹紧水泵轴前端的坚固螺母，旋下水泵叶轮，取出水封总成及弹性挡圈。

②用拉器取下带轮。

③拆下紧固螺钉，压出水泵轴，取出轴承及隔套。

4）水泵的检验与装配。安装的顺序与拆下时相反，水泵的检验方法如下。

①拆下齿形带。

②逆时针转动水泵带轮，检查带轮是否转动自如。

③检查水泵密封圈有无渗漏现象（排气孔少量的渗漏除外）。经检查若不符合要求，则视情况更换水泵或密封圈。

④将拆出的零件逐一检查，看是否出现裂纹、损坏和磨损等缺陷。如果有严重缺陷的要予以更换。

⑤检查轴承。如果轴承已经损坏，或转动时产生噪声以及出现其他转动不良等情况，都应更换新件。

（2）水泵的维护

1）拆下齿形带和张紧轮。

2）拆下水泵的固定螺栓，拆下水泵。

3）清理密封圈凹槽以及水泵与缸体的接合面。

4）将密封圈稳妥地安装在其凹槽内，然后按与拆卸时相反的顺序安装水泵，再将其他部件安装到位。

5）按规定加注冷却液。

6）装好水泵盖后，应确保叶轮能平稳地转动。

（五）考前准备

1. 工具准备

常用工具一套，三脚拉器。

2. 考件准备

EQ1090 型汽车用水泵。

（六）考核要求

能正确检修与拆装水泵。

（七）注意事项

1. 零件装配前必须要清洗。

2. 各零件必须按原位装入。

3. 装配油封时一定要涂抹润滑油。

4. 各紧固件必须按规定的顺序和拧紧力矩拧紧。

（八）配分、评分标准

序号	作业项目	考核内容	配分	评分标准	评分记录	扣分	得分
1	拆装	水泵的拆装	55	1. 零件没有按原位装入扣25分 2. 拆装方法不正确扣15分 3. 拆装结果不正确扣10分 4. 拆装不熟练扣5分			
2	清洗	零件清洗	20	没有清洗零件扣20分			
3	安全文明生产	1. 正确使用工具、仪器 2. 遵循安全规程，操作现场整洁	15	1. 违反安全操作规程，按不及格处理 2. 工具使用不当，零件工具落地扣2分一次 3. 人为导致机件损坏扣5分，损坏两处以上按不及格处理，因操作不当发生重大事故按0分计			
4	操作时间	时间30 min	10	1. 在规定时间内完成不扣分，每超1 min扣2分 2. 超出规定时间6 min,按不及格处理			
5	分数总计		100				

单元七　发动机总装与检测

一、教学目标

1．了解发动机的总装要求。
2．掌握发动机的总装技术及调整方法。
3．掌握发动机的装配顺序。
4．掌握发动机的磨合与验收方法。
5．了解发动机综合性能检测的基本知识。
6．了解发动机综合性能检测设备的使用方法。
7．了解电控发动机自诊断系统的工作原理与作用。
8．熟悉发动机总成主要技术性能的检测方法和技术要求。

二、学时分配

教学内容	总学时	理论学时	实习学时
课题1　发动机总成装配与竣工验收	12	2	10
课题2　发动机的检测与诊断	10	2	8

三、补充教学资料

1．轿车发动机检修的目的和修理作业的类型

轿车在长期使用过程中，其技术状况及性能不断下降，进而发生故障及损坏，最终丧失工作能力。检修的目的则是通过定期检测和诊断，查出故障和损坏的部位，经过修理，使其恢复原始的技术状况及性能，继续低耗、高效地运行。

轿车发动机按修理作业范围和深度不同分为大修和小修。

大修是指发动机主要零件出现破损、断裂、磨损和变形，在彻底分解后，用修理或更换零件的方法，使其达到完好技术状况和使用寿命的恢复性修理。大修后的发动机，其技术状况和使用性能必须达到规定的技术标准。

小修是指用修复或更换个别零部件的方法来消除发动机在运行中临时出现的故障或在维护作业中发现的隐患所进行的运行性修理。

2. 轿车发动机大修的送修标志

（1）发动机加速性能明显恶化。

（2）标定功率或气缸压缩压力低于标准值25以上。

（3）气缸磨损，其圆柱度达到0.175～0.250 mm或圆度达到0.050～0.063 mm。

（4）燃油和机油消耗量明显增加。

（5）发动机出现异响。

（6）发动机不能正常运转或根本不能运转。

（7）发生重大损伤事故。

3. 轿车零件的修复方法

轿车在使用过程中由于零件的磨损、变形、破裂或其他损伤，改变了零件原来的几何形状和尺寸，破坏了零件的配合特性和工作能力，从而影响总成和整车的正常工作。零件修复的目的是在经济合理的条件下恢复零件的配合特性及其工作能力。零件修复方法的分类如图7—1所示。轿车零件的修复方法还可根据零件缺陷的性质进行分类。

（1）磨损零件的修复方法基本上有以下三类：

1）机械加工法。对已磨损的零件进行机械加工，使零件重新具有正确的几何形状和新的几何尺寸。

2）堆焊、喷涂和镀覆法。对零件的磨损部位进行增补。

3）压力加工法。通过胀大或缩小等压力加工方法，使零件磨损部位的尺寸增大。后两类方法最终均需进行机械加工，恢复

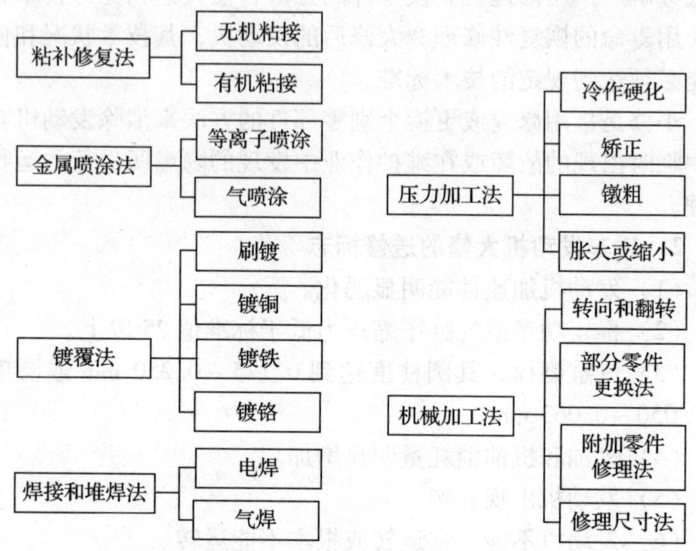

图 7—1　零件修复方法的分类

零件的尺寸、几何形状和表面质量。

（2）变形零件的修复可采用压力校正法和火焰校正法。

（3）裂纹和破损零件可采用粘补、焊接等。

4. 维修车间的安全措施及内部环境管理

（1）人身安全保护措施

1）工作时戴安全眼镜或防护面罩。

2）鞋袜应套上防护罩，以防落下的重物、飞溅的火花和腐蚀性液体伤及脚面；鞋底应足够坚硬，以免被尖锐的物体刺穿，在车间内不宜穿布面胶底轻便鞋。

3）在汽车上工作时，不能戴手表和戒指。

4）不能穿肥大的工作服，长发必须盘结在脑后或塞进工作帽。

5）在多尘的条件下工作要戴口罩，有强烈的噪声时要戴耳塞。

6）工作时不准吸烟，尤其不能在车厢内吸烟。不准饮酒，即使是少量的酒精饮料也会影响头脑反应的灵敏程度，在紧急关头头脑反应迟钝可能发生。

（2）汽油储运安全措施

1）使用合格的汽油桶存储汽油。在汽油桶的加油口处应装有火花隔离网，以防止在倒汽油时外部火源将桶内汽油点燃。

2）汽油桶不能充满，汽油液面距油桶顶面至少要有 2.5 cm，目的是在较高的温度下容许汽油膨胀。

3）汽油桶必须放在通风良好的地方，绝不能放在家中或汽车尾部的行李舱内。

4）运送汽油桶时，必须将其固定好，以免翻倒。

5）除非向汽油桶加油或从汽油桶向外倒油，否则汽油桶应始终盖严。

6）在启动发动机时，不能向汽车燃油箱加油。

7）切勿用汽油作清洗剂。

（3）防火措施

1）在维修车间工作的所有人员必须熟悉灭火器的位置和使用方法，知道何种类型的火灾应该使用何种类型的灭火器。

2）灭火器用过之后，要及时灌装灭火剂。

3）不准使用任何形式的明火加热器取暖。

4）所有易燃品如汽油、油漆和浸了油的碎布都要放在指定的安全容器内。

5）随时清除泄漏到车间内的汽油、机油或润滑脂。

6）不允许有火花或火焰接近蓄电池。

7）在靠近易燃品的地方不能吸烟或迸发出火星。

8）易燃器应储存在密闭的钢制容器内。

9）保持门和楼道畅通无阻。

（4）安全设施

1）灭火器。灭火器是最重要的安全设施之一。灭火器应该放在任何时候都容易接近的地方。在每瓶灭火器的商标上部注明灭火器中化学物质的种类及灭火器使用方法。

2）洗眼器。洗眼器是最有效的洗眼设备。以下原因均可能造成眼伤：

①过度受热引起的热灼伤。

②电焊弧光引起的光灼伤。

③蓄电池电解液引起的化学灼伤。

④外来物进入眼内。

⑤被尖锐的物体刺伤。

⑥被钝器击打致伤。

每个维修车间都应设置洗眼器，以便及时清洗受到伤害的眼睛。

3）安全眼镜和面罩。强制性戴安全眼镜可以保护眼睛免受伤害。安全眼镜必须用安全镜片制作，且带有侧面保护镜片。当处理危险性化学物质或使用电动砂轮机时，应戴上防护面罩。

4）急救箱。急救箱应该放在方便的地方。急救箱内应放有绷带和局部外伤用药膏等物品。车间内至少有一人受过基本急救方法的培训。

（5）车间内部环境管理。良好的车间内部环境管理应该做到车间整齐卫生、安全设施完好、所有车间设备及工具的技术状况优良，而且摆放得井然有序。

良好的车间内部环境不仅可以防止事故的发生，提高工作效率，而且还能给顾客留下美好的印象，使他们乐意到这里修车。因为他们相信，较高的管理水平必然有优良的工作质量。车间内部环境管理包括以下内容：

1）所有过道都没有随便丢弃的工具、散乱堆放的设备和其他物品。

2）所有排水沟和下水道的盖子都稳固地安放到位。

3）地面上没有机油、润滑脂、污水及散放的材料。

4）盛废弃物的容器应停放在方便的地方，并定期清除其中的废物。

5）定期检查灭火器是否能正常使用。

6）工具应保持清洁及良好的技术状况。用完的工具应放回工具箱或摆在工作台上，绝不能随意丢弃在地面上或顾客的汽车内。

7）将浸了油的碎布或可燃性废料扔进有盖的废料箱中。

8）保持地面、工作台及座椅的清洁。

9）定期检修和调整所有的车间设备。在设备的旋转部位均装设保护罩。

10）工作用小车在不使用时应停放在指定地点，不能随意停放。

11）保持良好的车间照明。

12）定期擦净窗户和墙壁。

13）保证车间内有良好的空气质量。为此必须规定在车间内启动汽车或发动机时，应将汽车尾气管或发动机排气管与车间的排气道连接，使发动机排气排放到车间以外。与此同时还应开动车间排气风扇，确保车间内的空气不被污染。

5. 安全操作技术

（1）手动工具的安全操作

1）只准许使用干净的而且技术状况完好的工具，因为沾有油渍或磨损了的工具在使用中容易脱手而造成手部或身体其他部位的伤害。

2）工作中必须选用合适的工具，否则会使工具、工作或人身受到损伤。例如，不能用旋具代替凿子或撬杠使用。

3）像旋具、穿孔器或凿子一类的尖锐工具不得装进衣袋，以免刮伤汽车座椅或车身外表。

（2）电动工具的安全操作

1）不得使用导线破损的电动工具。

2）电动工具必须有接地线。

3）不准站在潮湿的地面上操作电动工具。

4）不得让电动工具在无人看管的情况下运转。

5）必须按照工具制造厂规定的操作方法操作电动工具。如果不熟悉制造厂的操作法，绝不能操作电动工具。

6）不准使电动工具超载运行。

7）使用电动工具加工小零件时，应把零件夹紧在台虎钳上，不得用手握住零件。

8）维修电动工具时一定要切断电源。

（3）压缩空气设备的安全操作

1）使用压缩空气设备时要戴上安全眼镜和耳塞。

2）压缩空气软管与接头必须牢固地连接好。

3）不能使压缩空气吹向人身的任何部位，否则压缩空气经皮肤渗透进血管会影响身体健康，甚至危及性命。

4）不准用压缩空气去吹扫工作台及地面。

5）所有气动工具都应按照工具制造厂规定的操作方法进行操作。

6）压缩空气设备应按照制造厂制定的计划进行保养。

（4）液压设备的安全操作

1）操作液压机时，必须将工件正确地放在液压机的床面或垫铁上。

2）不准超载使用液压机。

3）使用地面千斤顶举升汽车时，不得使其举升的汽车质量超过千斤顶的最大举升能力。一般千斤顶的最大举升能力标注在千斤顶的标牌上。

4）用地面千斤顶举升汽车时，千斤顶上的举升板必须准确地置于汽车制造厂规定的举升点下面。放下汽车时，要缓慢地转动操作手柄。

5）汽车举升器用来将整台汽车举升一定高度，以便维修人员在汽车下面进行工作。在举升汽车之前，一定要将举升臂准确地置于汽车制造厂规定的举升点上。

6）汽车举升器举升汽车的质量不得超过其最大举升能力。

7）汽车被举升后一定要锁紧安全锁。

（5）清洗设备的安全操作

1）操作清洗设备清洗零件时，一定要戴安全眼镜和面罩。

2）蒸汽清洗零件的废液不能倒入下水道。

3）防止碱性清洗液触及皮肤或溅入眼内。这种清洗液溅到地面上会使地面滑腻，需经常刷洗地面。

四、教材分析和教学建议

汽车发动机的装配是在发动机各零部件符合使用要求的前提下，按一定程序和技术要求装配成完整的发动机总成的工作过程。发动机装配之后，需进行磨合和试验，用以改善摩擦副的技术状况，扩大实际接触面积，增强零件的承载能力。通过磨合试验还可以改善发动机各系统进行的协调性，及时发现和排除装配过程中的误差。

发动机的装配质量对大修后的性能影响很大。因此，发动机的装配必须严格按照技术要求进行。发动机竣工验收时对发动机修理质量的综合评定，是对大修发动机质量的检验。因此，发动机竣工后必须严格按标准进行验收。

课题1　发动机总成装配及竣工验收

教学重点

1．了解发动机的总装要求。

2．掌握发动机总装技术及调整方法。

3. 掌握发动机的装配顺序。

4. 掌握发动机的磨合与验收方法。

教学难点

发动机装配及发动机发动机磨合与验收。

教学前准备

<table>
<tr><td>学生知识准备</td><td colspan="2">1. 已学习过汽车发动机两大机构及五大系的结构、组成、原理，掌握汽车维修工具的使用
2. 预习课题 1 发动机总成装配及竣工验收</td></tr>
<tr><td>场地要求</td><td colspan="2">1. 能够容纳 20 名学生的汽车发动机理实一体化教室（约 100 m^2）
2. 投影仪一台</td></tr>
<tr><td rowspan="2">设备</td><td>名称</td><td>数量</td></tr>
<tr><td>上海桑塔纳 JV 型汽车发动机台架</td><td>4</td></tr>
<tr><td rowspan="5">工具</td><td>名称</td><td>数量</td></tr>
<tr><td>扭力扳手</td><td>4</td></tr>
<tr><td>塞尺</td><td>4</td></tr>
<tr><td>间隙尺</td><td>4</td></tr>
<tr><td>常用维修工具</td><td>4</td></tr>
<tr><td>耗材</td><td colspan="2">清洁布若干、机油（备用）</td></tr>
</table>

教学设计

讲授新课：发动机总成装配及竣工验收。

步骤	教学内容	教学方法	教学手段	学生活动	时间分配
告知（教学内容、目的）	通过本课题的学习，重点掌握发动机总装技术及调整方法，从而让学生能够对发动机进行正确的装配及磨合与验收	叙述	PPT		3 min
引入（任务）	任务：发动机总成装配及竣工验收	叙述	PPT		2 min
教学内容（一）	发动机总成准备	讲授	PPT		35 min
教学内容（二）	发动机的磨合与验收	讲授	PPT		40 min
训练任务说明	1. 分组练习：每5人一组，分工合作进行项目练习 2. 分组操作时，注重培养学生团队友善协作意识和诚实守信原则，同时注意操作安全	叙述			5 min
训练	发动机总装： 1. 曲轴飞轮组的装配 2. 活塞连杆组的装配、调整 3. 配气机构和气缸盖的装配及调整 4. 安装气缸罩盖与正时齿带防护罩等相关零部件 5. 安装机油滤清器、节温器及发电机支架相关零部件 6. 安装发动机支架与进、排气歧管等相关零部件 7. 安装发电机等相关附件 8. 安装发动机电控系统相关部件	一体化	教师指导	认知	390 min

续表

步骤	教学内容	教学方法	教学手段	学生活动	时间分配
归纳总结	知识点： 1. 了解发动机总装要求 2. 了解发动机磨合的目的 3. 掌握发动机总装技术及调整方法 4. 掌握发动机装配顺序 5. 掌握发动机冷、热磨合工艺 能力点： 能够对发动机进行正确的装配及磨合与验收	讲授	PPT		5 min
课后作业	习题册： 单元七 发动机总装与检测 课题 1 发动机总成装配及竣工验收				

课题 2 发动机的检测与诊断

教学重点

1. 了解发动机综合性能检测的基本知识。

2. 了解发动机综合性能检测设备的使用方法。

3. 了解电控发动机自诊断系统的工作原理与作用。

4. 熟悉发动机总成主要技术性能的检测方法和技术要求。

教学难点

发动机总成主要技术性能的检测方法和技术要求。

教学前准备

学生知识准备	1. 已学习过汽车发动机两大机构、五大系结构、组成、原理、维修，掌握汽车维修工具的使用 2. 预习课题 2 发动机的检测与诊断	
场地要求	1. 能够容纳 20 名学生的汽车发动机理实一体化教室（约 100 m^2） 2. 投影仪一台	
设备	名称	数量
	上海桑塔纳轿车	1
工具	名称	数量
	博士 FSA740 型发动机综合检测仪	1
	跨接线	若干
	汽车诊断测试灯	1
	万用表	1
	气缸压力表	1
	常用维修工具	1
耗材	车内四件套（座椅套、脚垫、转向盘套、换挡杆套）、清洁布若干、机油（备用）	

教学设计

讲授新课：发动机的检测与诊断。

步骤	教学内容	教学方法	教学手段	学生活动	时间分配
告知（教学内容、目的）	学习发动机综合性能检测基本知识、发动机综合性能检测设备的使用及维护和电控发动机自诊断系统的工作原理与作用。使学生能够对发动机电子控制系统进行正确的自诊断检查	叙述	PPT		3 min
引入（任务）	任务：发动机的检测与诊断	叙述	PPT		2 min
教学内容（一）	发动机综合性能检测	讲授	PPT		35 min
教学内容（二）	发动机电子控制系统的检测与诊断	讲授	PPT		40 min
训练任务说明	1. 分组练习：每5人一组，分工合作进行项目练习 2. 分组操作时，注重培养学生团队友善协作意识和诚实守信原则，同时注意操作安全	叙述			5 min
训练	发动机电子控制系统的自诊断检查	一体化	教师指导	学生分组操作	300 min
归纳总结	知识点： 1. 了解发动机综合性能检测基本知识 2. 了解发动机综合性能检测设备的使用及维护 3. 了解电控发动机自诊断系统的工作原理与作用 能力点： 能够对发动机电子控制系统进行正确的自诊断检查	讲授	PPT		15 min
课后作业	习题集： 单元七　发动机总装与检测 课题2　发动机的检测与诊断				

五、相关资料和数据

桑塔纳 2000 俊杰轿车发动机主要螺栓、螺母拧紧力矩见表 7—1；发动机所用油、液、脂剂的规格和容量见表 7—2。

表 7—1　桑塔纳 2000 俊杰轿车发动机主要螺栓、螺母拧紧力矩

部位	螺栓螺母	拧紧力矩（N·m）	部位	拧紧力矩（N·m）
一般螺栓、螺母	M6	10	发动机支架与副梁连接螺栓	40 ±5
	M8	20	发动机支架与发动机支撑螺栓	40 ±5
			发动机扭力矩	23 ±3
	M10	45	前排气管与排气歧管连接螺栓	25 ±2.5
	M12	65	管子支撑与车头连接螺栓	65 ±6

表 7—2　桑塔纳 2000 俊杰轿车发动机所用油、液、脂、剂的规格和容量

油、液、脂、剂的规格和牌号	环境温度（℃）	容量（L）
燃油：90 号［研究法辛烷值（RON）］以上汽油	—	60（汽油箱）
机油：		
单级机油—SAE10W	−25 ~ −5	2.5 ~3.0
SAE20W	−15 ~10	
SAE30W	−5 ~30	
SAE40W	−25 ~40	
双级机油—SAE5W −20		
SAE5W −30	−30 ~ −5	
SAE10W −30		
SAE10W −40	−25 ~15	
SAE15W −40		
SAE15W −50	−20 ~30	

续表

<table>
<tr><th colspan="2">油、液、脂、剂的规格和牌号</th><th>环境温度
（℃）</th><th>容量
（L）</th></tr>
<tr><td colspan="2">SAE20W－40
SAE20W－50
改良润滑油—VW50000</td><td>－15～30</td><td></td></tr>
<tr><td colspan="2">冷却液：
NO52 774 BO 添加剂＋水
NO52 774 CO 添加剂＋水</td><td rowspan="4">－25
－30</td><td rowspan="4">6.0</td></tr>
<tr><td>冷却液添加量（体积分数）</td><td>水量（体积分数）</td></tr>
<tr><td>约40%</td><td>约60%</td></tr>
<tr><td>约50%</td><td>约50%</td></tr>
</table>

六、技能鉴定参考试卷

项目　桑塔纳2000轿车发动机的装复

（一）考核项目

工具使用。

（二）考核时间

90 min。

（三）考核方法

现场实物操作。

（四）技术要求和操作步骤

能正确、安全使用汽车发动机维修工具，不损坏机件。

1. 吊装总成

（1）将离合器或液力变矩器按规定力矩固定在飞轮上。

（2）将发动机总成吊入发动机舱内。

（3）装发动机两侧的与车身的固定螺栓。

（4）变速器轴上涂上润滑油，装上变速器。注意发动机与变速器间的定位销应定位可靠。

（5）用扳手以60 N·m的力矩拧紧发动机与变速器之间的连接螺栓。

（6）装发动机与车身的搭铁线。

（7）装起动机及电线。

（8）装排气管密封垫及排气管，以30 N·m的力矩拧紧排气歧管与排气管的连接螺母。

2. 安装发电机、动力转向液压泵传动带和其他附件

（1）装动力转向液压泵，装上传动带。

（2）使用扳手按顺时针方向扳动传动带张紧轮，使张紧轮张开用销钉固定张紧轮。

（3）将传动带安装到位后，用扳手按顺时针方向扳动传动带张紧轮，取下张紧轮上的销钉。

（4）装压缩机及支架，按拆下时的方向记号装上空调压缩机传动带。

（5）装暖风热交换器的冷却液软管和膨胀水箱。

（6）装节气门操纵拉索，调整拉索使其活动灵活。

（7）装分油管上的进油管、回油管，装上曲轴箱通风软管。

（8）装进气歧管罩并用固定螺栓固定。

（9）装空气滤清器罩壳、空气流量计、空气滤清器及空气管路。

（10）插炭罐、真空助力器的真空管。

（11）装风扇和散热器。

（12）装气缸盖后侧的小软管。

（13）装气缸盖后冷却液管凸缘与上冷却液管之间的冷却液软管。

（14）装发动机出水口与散热器之间的冷却液软管。

（15）加注冷却液至冷却液储液罐最高点标记（MAX）处。

（16）加注润滑油使液面达到油量标尺二刻线中间位置。

3．安装电器附件及导线插接器

（1）装变速器上的车速传感器和倒车灯开关导线插接器。

（2）装发动机控制单元（ECU）的两导线插接器，并推入卡簧手柄。

（3）装活性炭罐电磁阀，插上空气流量计、活性炭罐电磁阀、氧传感器、进气温度传感器的导线插接器。

（4）装发电机的电线。

（5）装转速传感器、霍尔传感器、水温传感器、机油压力报警器、爆燃传感器、氧传感器等的导线插接器。

（6）装电动散热风扇和热敏开关上的导线插接器。

（五）考前准备

（1）工具准备：汽车举升器常用工具、桑塔纳发动机专用吊车。

（2）考前准备：桑塔纳2000轿车。

（六）考核要求

能正确、安全使用汽车发动机维修工具。

（七）注意事项

注意安全操作，不要损坏机件、工具。

（八）配分、评分标准

序号	作业项目	考核内容	配分	评分标准	评分记录	扣分	得分
1	操作步骤及工艺	发动机的总装	55	步骤严重混乱扣15分，局部混乱扣5分			
				装配错误一处扣10分，返工一次扣5分			
				检测或修理项目不符合要求扣15分，严重者不得分			

续表

序号	作业项目	考核内容	配分	评分标准	评分记录	扣分	得分
1	操作步骤及工艺	发动机的总装	55	调整方法错误一次扣10分，调整不符合要求一处扣5分			
2	文明生产	零件摆放	20	零件摆放混乱扣10分			
		工作场地		工作场地乱扣10分			
3	正确使用工、量具	正确使用工具、仪器	15	1. 违反安全操作规程，按不及格处理			
				2. 工具使用不当，零件工具落地扣2分一次			
				3. 人为导致机件损坏扣5分，损坏两处以上按不及格处理，因操作不当发生重大事故按0分计			
4	操作时间	时间20 min	10	1. 在规定时间内完成不扣分，每超1 min扣2分			
				2. 超出规定时间6 min,按不及格处理			
5	分数总计		100				

附录　习题册参考答案

单元一　总　　论

课题 1　发动机总体构造

一、填空题

1. 点燃式　压燃式
2. 进气　压缩　做功　排气
3. 水冷发动机　风冷发动机
4. 对置式发动机　直列式发动机
5. 气缸工作容积
6. 自然吸气式　增压式
7. 单缸　多缸

二、判断题

1. √　2. ×　3. ×　4. √　5. √　6. √

三、选择题

1. A　2. B　3. D　4. B　5. B　6. A

四、简答题

1. 发动机基本上都是由两大机构和 5 大系统组成，两大机构为曲柄连杆机构、配气机构，5 大系统为燃料供给系、润滑系、冷却系、点火系（汽油发动机用）和启动系。

2. 曲柄连杆机构由机体组、活塞连杆组、曲轴飞轮组三部分组成。作用是发动机借以产生动力，并将活塞的直线往复运动转变成曲轴的旋转运动而输出动力。

3. 配气机构主要由气门、气门弹簧、凸轮轴、挺杆、凸轮轴传动机构等零部件组成。

配气机构的功用是根据发动机的工作需要，适时地打开进气通道或排气通道，使可燃混合气或空气进入气缸，并将废气从气缸内排出，实现换气过程；而在发动机不需要进气或排气时，则利用气门将进气通道或排气通道关闭，以保持气缸密封。

4. (1) 四缸、直列、四冲程、缸径 62 mm、水冷汽车用。

(2) 六缸、直列、四冲程、缸径 102 mm、水冷汽车用，YZ 表示系列符号。

(3) 六缸、直列、四冲程、缸径 100 mm、水冷通用型，1 表示第一种变型产品，EQ 表示系列符号。

课题 2　发动机检测与维修基础知识

一、填空题

1. 用电安全　个人安全防护
2. 电力　压缩空气　高速旋转
3. 燃油　机油　冷却水　电解液
4. 汽车维修作业安全　汽车维修工具设备的使用安全
5. 一字形　十字形　梅花头
6. 轴承　齿轮

二、判断题

1. × 2. × 3. √ 4. √ 5. √ 6. √

三、选择题

1. A 2. C 3. B 4. A 5. B 6. D

四、简答题

1. 看，就是观察。例如观察发动机的排烟颜色，再结合其他情况的分析，就可判断发动机的工作状况。听，就是凭听觉判断发动机的不正常响声，从而判断这些异响来自哪个部件，是怎样形成的。摸，就是用手触试可能发生故障部位的温度、振动情况等，从而判断出配合副是否干涉、轴承是否过紧、燃油管是否有供油脉动等。嗅，就是凭发动机在运转中发出的某些特殊气味，来判断故障部位。试，就是试验论证，如采用单缸断火（油）法来判定发动机缺缸情况，用更换零件法来证实故障的部位。

2. 汽车维修时工具设备的使用安全主要包括手工工具和动力工具两方面。

(1) 手工工具使用安全。主要包括各种刀具、敲击工具、夹具和扳手等的安全使用。

(2) 动力工具使用安全。所谓的动力工具是指以电力和压缩空气为动力的工具设备。一般这类工具的操作危险性大，要求更高。工作时设备大多处于高速旋转状态，对它们的操作除了要注意操作安全外，还涉及防火、防电等安全知识。

单元二　曲柄连杆机构

课题1　曲柄连杆机构概述

一、填空题

1. 机体组　活塞连杆组　曲轴飞轮组
2. 活塞　活塞环　活塞销
3. 曲轴　飞轮
4. 高温　高压　化学腐蚀

二、选择题

1. D　2. C　3. B

三、简答题

曲柄连杆机构的主要作用是提供燃烧场所，把燃料燃烧后气体作用在活塞顶上的膨胀压力转变为曲轴旋转的转矩，不断输出动力。

课题2　机　体　组

一、填空题

1. 机体组
2. 气缸盖罩
3. 活塞顶　气缸壁

4. 楔形　盆形　球形
5. 无气缸套式　干气缸套式　湿气缸套式
6. 一般式　龙门式　隧道式
7. 漏气　漏水　漏油

二、判断题

1. √　2. √　3. √　4. ×　5. ×

三、选择题

1. D　2. D　3. A　4. B　5. A　6. B　7. D　8. A

四、简答题

1. 汽车发动机机体主要由气缸盖罩、气缸盖、气缸垫、气缸体、曲轴箱、油底壳以及主轴承盖等组成。

2. 油底壳的作用是储存润滑油并封闭气缸体或曲轴箱，油底壳底部也是放油螺塞的安装位置。

课题3　活塞连杆组

一、填空题

1. 活塞　活塞环　活塞销　连杆
2. 顶部　头部　裙部
3. 气环　油环
4. 活塞　连杆
5. 连杆小头　杆身　连杆大头
6. 全浮式　半浮式

二、判断题

1. √ 2. √ 3. × 4. √ 5. √

三、选择题

1. D 2. A 3. D 4. A 5. A 6. B 7. A 8. B
9. C 10. B 11. A 12. C

四、简答题

1. 其作用是与气缸、气缸盖构成工作容积和燃烧容积；承受燃气压力并通过连杆传给曲轴，将活塞的往复运动变成曲轴的旋转运动并传递动力；密封气缸，以防燃气漏入曲轴箱或机油进入气缸。

2. 活塞的主要作用是承受燃烧气体压力，并将此力通过活塞销传给连杆以推动曲轴旋转。此外活塞顶部与气缸盖、气缸壁共同组成燃烧室。

3. 油环的主要作用是密封，防止发动机机油进入燃烧室。当活塞下行时刮去气缸壁上多余的润滑油，并在活塞上行时使气缸壁上均匀布油。

课题 4 曲轴飞轮组

一、填空题

1. 曲拐
2. 整体式 组合式
3. 飞轮

二、判断题

1. √ 2. × 3. √ 4. √ 5. √

三、选择题

1. A 2. C 3. D 4. A

四、简答题

1. 曲轴的作用是把活塞、连杆传来的气体力转变为转矩，用以驱动汽车的传动系统和发动机的配气机构以及其他辅助装置。

2. 飞轮的作用是：做功行程中发动机传输给曲轴的能量，除对外输出外，还有部分能量被飞轮吸收，从而使曲轴的转速不会升高很多。

飞轮是摩擦式离合器的主动件；在飞轮轮缘上镶嵌有供启动发动机用的飞轮齿圈；在飞轮上还刻有上止点记号，用来校准点火定时或喷油定时以及调整气门间隙。

课题5 综合故障诊断与排除

一、填空题

1. 活塞敲缸响　活塞销响　曲轴轴承响　连杆轴承响
2. 减小　消失

二、简答题

1. (1) 冷车启动时，由于活塞冷缩与气缸壁间隙较大，出现明显的敲击声，热机后活塞膨胀而与气缸壁间隙减小，故响声弱或消失。

（2）活塞与缸壁长期摩擦而磨损，相互间隙增大，在工作行程开始瞬间，活塞在气缸内摆动而敲缸。

（3）连杆弯曲或扭转等原因使活塞在气缸内偏斜不正，造成气缸不正常磨损，使活塞敲击缸壁。

（4）活塞与气缸壁润滑太差。

2.（1）发动机突然加速时，有连续且明显的敲击声，响声较清脆、短促，响声随发动机的转速升高而增大，随负荷的增加而增加。

（2）响声在发动机温度变化时，变化不大。

（3）在怠速和中速运转时，可以听到“格楞”的声音。

（4）做断油试验，响声明显减弱。

单元三　配 气 机 构

课题 1　配气机构概述

一、填空题

1. 气门组　气门传动组

2. 气门侧置式　气门顶置式

3. 凸轮轴上置　凸轮轴中置　凸轮轴下置

二、选择题

1. A　2. C　3. A　4. B　5. A　6. C　7. A　8. A

三、简答题

1. 配气机构的作用是按照发动机工作顺序和各缸工作循环的要求，定时开启和关闭进、排气门。

2.（1）齿轮传动

1）齿轮式用于下置式凸轮轴的驱动。

2）汽油机用一对正时齿轮传动。柴油机上凸轮轴与曲轴中心距较大，且需要同时驱动喷油泵，需加入中间惰轮传动。

3）正时齿轮都用斜齿轮且用不同材料制成，以减小噪声和磨损。通常小齿轮用中碳钢；大齿轮柴油机用钢，汽油机用夹布胶木或塑料。

4）正时齿轮上有正时记号，装配时必须使记号对齐，以保证配气正时。

（2）链条传动

1）链条传动噪声小，一般用于中置或上置凸轮轴的发动机上。

2）为了防止链条抖振，设有导链板和张紧装置。张紧装置有机械式和液压式两种，液压式张紧装置是通过发动机的机油进入液压腔，推动其内部的活塞向外移动，使张紧链轮压向链条。

（3）同步带传动

近年来高速汽车发动机上广泛采用同步带来代替传动链，同步带传动噪声小、工作可靠、成本低。

3. 发动机工作时曲轴通过正时齿轮驱动凸轮轴旋转，当凸轮的凸起部分顶起挺柱时，挺柱推动推杆一起上行，作用于摇臂上的推动力驱使摇臂绕轴转动，摇臂的另一端压缩气门弹簧使气门下行，打开气门。随着凸轮轴的继续转动，当凸轮的凸起部分离开挺柱时，气门便在气门弹簧弹力的作用下上行，关闭气门。

课题2　气门传动组

一、填空题

1. 凸轮　轴颈

2．齿轮传动　链传动　齿形带传动

3．菌形　筒形　滚轮式

4．将挺柱传来的推力传给摇臂

5．将推杆或凸轮传来的力改变方向，作用到气门杆以推开气门

6．全支撑　非全支撑

7．轴向定位装置

8．液压缸　柱塞

9．镗削法　铰削法　刮削法

10．轴颈磨损　弯曲变形

二、选择题

1．C　2．D　3．D　4．B　5．C　6．B　7．A　8．B　9．B

三、简答题

1．气门传动组主要包括凸轮轴、正时齿轮、挺柱、推杆、摇臂及摇臂轴等。气门传动组的作用是控制进排气门按配气相位要求的时刻开闭，且保证有足够的开度。

2．凸轮轴是气门传动组的主要部件，其作用是控制气门的开闭及升程的变化规律。下置凸轮轴式发动机依靠凸轮轴来驱动汽油泵、机油泵和分电器等装置。

课题3　气　门　组

一、填空题

1．侧置气门式　顶置气门式

2．进气门　排气门

3. 平顶　球面顶　凹顶

4. 头部　杆部

5. 接触带

二、判断题

1. √　2. √　3. ×

三、选择题

1. A　2. A　3. A

四、简答题

1. 气门组包括进气门、排气门、气门导管、气门座及气门弹簧等零件。气门组件的作用是实现对气缸的可靠密封。

2. 如果间隙过小，热态下会导致漏气，发动机功率下降，甚至烧坏气门；间隙过大，会使传动零件之间以及气门和气门座之间造成很大的冲击，产生强烈的磨损和噪声，同时使气门的开启时间减少，气缸进气不充分，排气不彻底。

课题4　配 气 相 位

一、名词解释

1. 配气相位是指进、排气门的实际开闭时刻，通常用曲轴转角表示。

2. 从进气门开始开启到上止点所对应的曲轴转角称为进气提前角，用 α 表示，一般 α 为 10°～30°。

3. 从下止点到进气门关闭所对应的曲轴转角称为进气迟后角，用 β 表示，一般 β 为 40°～80°。

4. 进气提前角和进气迟后角的和称为气门叠开角。

二、简答题

1. 在排气行程接近终了、活塞到达上止点之前，进气门便开始开启。从进气门开始开启到上止点所对应的曲轴转角称为进气提前角。进气门早开，有利于提高充气量。

2. 在进气行程下止点过后，活塞又上行一段，进气门才关闭。活塞到达下止点时，由于进气阻力的影响，气缸内压力仍低于大气压，且气流还有相当大的惯性，仍能继续进气。下止点过后，随着活塞的上行，气缸内压力逐渐增大，进气气流速度逐渐减小，至流速等于零时，进气门关闭最为适宜。若β角过大，会出现进入气缸的气体被重新压回进气管内的现象。

3. 发动机采用可变气门正时技术可以提高进气充量，使充量系数增加，发动机的转矩和功率可以得到进一步的提高。

课题5　综合故障诊断与排除

一、填空题

1. 异响　气门响　气门挺柱响　气门座圈响　正时齿轮响
2. 磨损　调整　更换机件

二、简答题

1. (1) 气门杆端和摇臂之间磨损或调整不当，致使气门间隙过大而产生碰击声。

(2) 气门间隙调整螺钉磨损偏斜。

(3) 气门弹簧脱落。

(4) 气门杆与气门导管间隙过大。

2. (1) 凸轮轴轴承与轴颈配合间隙过大、松旷。

(2) 凸轮轴轴承松转或轴承合金烧蚀、剥落或磨损过大。

（3）凸轮轴轴向间隙过大或凸轮轴弯曲。

3.（1）当发动机怠速运转或转速改变时，正时齿轮盖处发出杂乱而轻微的“嘎啦”声响；转速提高后，声响消失；急减速时，声响尾随出现。

（2）声响有时受温度影响，温度高时，声响明显。

（3）声响有时伴有正时齿轮盖振动。

单元四　电子控制汽油喷射系统

课题1　电子控制汽油喷射系统概述

一、填空题

1. EFI　ECU

2. K—Jetronic

3. D—Jetronic

4. LH—Jetronic

5. 电控发动机空气供给系统　电控发动机燃油供给系统　电控发动机排放控制系统　电控发动机点火系统　电控发动机辅助控制系统　随车自诊断系统

6. D型　L型

7. 进气歧管　气缸

8. 空气流量计　发动机转速传感器　曲轴位置传感器　水温传感器　节气门位置传感器　进气温度传感器　氧传感器　爆燃传感器

二、判断题

1. √　2. √　3. ×　4. √

三、名词解释

1. 利用进气歧管的绝对压力传感器来检测进气空气量的汽油喷射系统。

2. 用翼片式空气流量传感器直接测量进入发动机气缸内空气的体积流量的电控汽油喷射系统。

3. 采用热丝式空气流量传感器，能直接测量出单位时间内进入发动机气缸的空气量的电控汽油喷射系统。

4. 空燃比 R 是可燃混合气中空气质量与燃油质量的比值。

四、简答题

1. 由以下三部分组成：

（1）信号输入装置——各种传感器，采集控制系统的信号，并转换成电信号输送给 ECU。

（2）电子控制单元——ECU，给各传感器提供参考电压，接受传感器信号，进行存储、计算和分析处理后执行器发出指令。

（3）执行元件——由 ECU 控制，执行某项控制功能的装置。

2. 以电子控制单元（ECU）为控制核心，以空气流量和发动机转速为控制基础，由传感器采集信号传递给 ECU，ECU 进行比较、判断并处理，发出指令控制喷油器，保证发动机在各种工况下获得最佳的混合气，以满足发动机的动力性、经济性和排放要求。

3.（1）过浓混合气，发动机出现排黑烟、放炮现象，排气污染严重。

（2）稍稀混合气，发动机加速性变坏，经济性好。

（3）过稀混合气，发动机出现加速不起、回火、排气有“突突”声等现象。

课题2　电控发动机空气供给系统

一、填空题

1. 空气滤清器　空气计量装置　进气软管　动力腔　节气门体　进气温度传感器　进气歧管

2. 直接测量　间接测量

3. 翼片部分　电位计　接线插头

4. 超声波测量法　反射镜（光学）检测法

5. 防护网　采样管　铂丝热线　铂薄膜电阻　控制电路板

6. 空气流量计

7. 减小

8. 执行器　节气门片　节气门位置传感器

二、判断题

1. √　2. ×　3. √　4. ×　5. ×　6. √

三、选择题

1. A　2. B　3. A　4. B　5. A

四、简答题

1. 进气时翼片的摆动带动滑动变阻器的滑臂摆动，从而改变滑动变阻器的电阻，进而改变 ECU 所测得的电压值，通过电压值与进气量的比较，计算单位时间的进气量。

2. 热线式空气流量计在其进气道内的取样管中有一根铂丝（即热线），铂丝通电发热。当发动机启动后，空气流过铂丝周围，使其热量散失，温度下降，与铂丝相连的桥式电路即改变电流，以保持铂丝温度恒定。将这种因空气流量变化而引起的流过铂丝的电流的变化，转化成电压或频率信号输入 ECU，即可测得实际的空气流量。

3．在涡源体的下游两侧设置一对超声波发生器和接收器，当超声波通过气流中的漩涡时，其频率相位会受到干扰而发生变化。ECU 根据这一变化便可计算出单位时间内流过的漩涡数量，从而测得空气流速和流量。

4．节气门电位计直接与节气门轴相连接，由节气门轴带动电位计的滑动触点，不同的节气门开度下电位计的电阻值不同，从而将节气门的开度转变为电阻或电压信号输送给微机。微机通过节气门位置传感器可获得表示节气门由全闭到全开的所有开启角度的连续变化的模拟信号，以及节气门开度的变化速率，从而更精确地判定发动机的运行工况，提高控制精度和效果。

5．膜盒式进气压力传感器内的弹性金属膜盒与大气相通，与膜盒连接在一起的衔铁可以在线圈绕组中移动。当进气歧管压力发生变化时，膜盒膨胀，衔铁在线圈绕组内的位置随之发生相应的变化，从而影响线圈绕组周围的电磁场。这样便可以把膜盒的机械运动转换成电信号，ECU 根据这个信号即可测出进气歧管压力。

课题 3　电控发动机燃油供给系统

一、填空题

1．涡轮式电动燃油泵　滚柱式电动燃油泵　齿轮式电动燃油泵

2．冷却　润滑

3．脉动阻尼器

4．自动保持整个油压系统的燃油压力为一定值，使供油总管内油压与进气歧管压力之差为一定恒值

5．汽油滤清器　汽油泵　喷油器

6．油箱内置式　油箱外置式

7．喷油时间

8．电压驱动　电流驱动

9．叶轮　叶片　泵壳体　泵盖

10．燃油分配管　油泵出口处

二、判断题

1．√　2．×　3．√　4．√　5．×　6．√

三、选择题

1．A　2．A　3．B　4．C　5．C

四、简答题

1．燃油泵电动机通电时，电动机驱动涡轮泵叶轮旋转，由于离心力的作用，使叶轮周围小槽内的叶片贴紧泵壳，油箱内的燃油进入燃油泵内的进油室前，首先经过滤网初步过滤，然后燃油从进油室被带往出油室。由于进油室燃油不断被带走，所以形成一定的真空度，将油箱内的燃油经进油口吸入；而出油室燃油不断增多，燃油压力升高，当油压达到一定值时，则顶开出油阀，经出油口输出。出油阀还可在燃油泵不工作时，阻止燃油倒流回油箱，这样可保持油路中有一定的残余压力，便于下次启动。

2．当燃油压力与进气管压力之差超过预调的压力值时，膜片上方的燃油就推动膜片向下压缩弹簧，打开回油阀，超压的燃油流回燃油箱，以保持一定的燃油压力。燃油供给系统的压力与进气管压力之差由油压调节器中的弹簧的弹力限定，调节弹簧预紧力即可改变两者的压力差，也就是改变喷油压力。

3．喷油器实际上是一个电磁阀，ECU 通过控制其电磁阀线圈的电流通断（接地线的通断）来控制喷油器的工作。当喷油器的电磁线圈接通电流时，线圈中就会产生电磁吸引力吸引针阀阀体。当电磁吸力大于复位弹簧的弹力时，阀体使弹簧压缩而上升（上升行程很小，一般为0.1～0.2 mm）。阀体上升时，针阀（球阀或片阀）随阀体一同上升，针阀（球阀或片阀）离开阀体时，阀门被打开，燃油便从喷孔喷出，喷出燃油的形状为小于35°的圆锥雾状。

4. 在采用电流驱动方式的喷油器控制电路中，不需附加电阻，低阻喷油器直接与蓄电池连接，通过ECU中的晶体管对流过喷油器线圈的电流进控制。在喷油器电流驱动回路中，由于无附加电阻，回路的阻抗小，ECU向喷油器发出指令时，流过喷油线圈的电流迅速增加，电磁线圈产生电磁力使针阀快速开启，喷油器喷油迟滞时间缩短，响应性更好。

低阻喷油器采用电压驱动方式时，必须加入附加电阻。因为低阻喷油器线圈的匝数较少，加入附加电阻，可减少工作时流过线圈的电流，以防止线圈发热而损坏。电压驱动方式中的喷油器驱动电路较简单，但因其回路中的阻抗大，喷油器的喷油滞后时间长。

电流驱动方式只适用于低阻值喷油器，电压驱动方式对高阻值和低阻值喷油器均适用。

课题4　电子控制系统

一、填空题

1. 电控单元（ECU）　传感器　执行器

2. 电磁感应式　霍尔感应式　光电感应式

3. 根据发动机的进气量和转速信号，计算出基本喷油持续时间，以接近理想空燃比的混合气供给发动机工作，并控

制其运转

4. 用于检测发动机冷却液的温度，ECU 利用其信号对喷油量、点火正时等进行修正控制

5. 点火提前角

6. 80

二、判断题

1. √ 2. × 3. √ 4. × 5. ×

三、选择题

1. B 2. A 3. B 4. C

四、简答题

1. 利用电磁感应原理制成，即当一个线圈中的磁通量发生变化时，在该线圈的两端就会产生感应电动势。感应线圈绕在永久磁铁上形成传感头，带凸齿的信号轮随发动机曲轴在传感头附近转动，因此，信号轮与传感头之间的间隙发生周期性变化。由于空气的磁阻远大于铁质材料的磁阻，该间隙的周期性变化必然造成磁回路磁阻的周期性变化，从而造成磁回路中磁通量的周期性变化。根据电磁感应原理，在感应线圈的两端就产生了交变感应电动势。该交变感应电动势即可作为传感器的输出信号。磁通量变化越快，感应电动势越大，因此，信号轮的转速越高，交变感应电动势的幅值也越大，即传感器的输出信号越强。一般情况下，当发动机的转速在其工作范围内变化时，该传感器输出的信号电压的幅值可在 0.5 ~ 100 V 范围内变化。

2. 利用触发叶片或触发轮齿改变通过霍尔元件的磁场强度，从而使霍尔元件产生脉冲的霍尔电压信号，经放大整形后即为曲轴位置传感器的输出信号。当触发齿轮上的齿槽通过感应头时，霍尔式曲轴位置传感器输出高电平（5 V）；当

触发齿轮上的齿顶通过感应头时，曲轴位置传感器输出低电平(0.3 V)。

3. 结构组成：主要由套筒、压电元件、惯性配重、塑料壳体等组成。

工作原理：当发动机的气缸体出现振动传递到传感器外壳时，外壳与配重块之间产生相对运动，夹在两者之间的压电元件上的挤压力发生变化，使其输出的电压信号发生变化，根据此电压的大小来判断爆燃强度，进而相应地把点火时间推迟，以避免爆燃。

4. 作用：用于测量废气中的氧含量。如果废气中的氧含量高，说明混合气偏稀，氧传感器将这一信息输入发动机电控单元(ECU)，ECU 指令喷油器增加喷油量；如果废气中的氧含量低，说明混合气偏浓，ECU 指令喷油器减少喷油量，从而帮助 ECU 把混合气的空燃比控制在理论值（14.7）附近。

工作原理：二氧化锆管的内、外表面均涂覆有薄薄一层铂，铂既可以成为电极，又具有电势放大作用。管的内侧与空气接触、外侧与排气接触、高温下（>300℃）内、外侧氧离子化，氧离子浓度不同，产生流动，在两电极间产生电位差。二氧化锆管的外表面处于氧气浓度较低的汽车所排放的气体中，而管的内表面则导入周围空气，两表面氧气浓度之差就会产生电动势。当混合气的实际空燃比小于理论空燃比，即发动机以较浓的混合气运转时，排气中氧含量少，但 CO、HC、H_2等较多。这些气体在锆管外表面的铂催化作用下与氧发生反应，将耗尽排气中残余的氧，使锆管外表面氧气浓度变为零，这就使得锆管内、外侧氧气浓度差加大，两电极间电压陡增。因此，锆管氧传感器产生的电压将在理论空燃比时发生突变：稀混合气时，输出电压几乎为零；浓混合气时，输出电压接近 1 V。

单元五 柴油机燃料供给系

课题1 柴油机燃料供给系概述

一、填空题

1. 气缸内部 自燃着火

2. 燃油供给装置 空气供给装置 混合气形成装置 废气排出装置

3. 直喷式 ω型 四角型 花瓣型 球型 U型 间接喷射式 预燃室式 涡流室式

4. 柴油储存 输送 滤清 0.15~0.3 MPa

5. 高压油路 喷油泵 10 MPa以上

6. 针阀 针阀体 顶杆 调压弹簧 调压螺钉 喷油器体 喷油嘴 针阀 针阀体

7. 柱塞式喷油泵 喷油泵—喷油器 分配式喷油泵（VE）

8. 燃烧室

二、判断题

1. √ 2. × 3. × 4. √ 5. × 6. √

三、选择题

1. B 2. B 3. C 4. B 5. A

四、简答题

1. 输油泵将柴油从燃油箱内吸出，经滤清器滤去杂质，进入喷油泵的低压油腔，喷油泵将燃油压力提高，经高压油管至喷油器喷入燃烧室。喷油器内针阀偶件间隙中泄漏的极少量燃油和喷油泵低压油腔中的过量燃油，经回油管流回燃油箱。

2. ①启动加浓。发动机启动时将控制杠杆推至全负荷供油位置。支持杠杆绕 D 点逆时针方向转动，浮动杠杆绕 B 点逆时针方向转动，推动连接杆使供油齿杆向增加供油的方向移动。由于发动机静止，飞块无向外张的离心力，浮动杠杆在启动弹簧拉力的作用下绕 C 点逆时针方向摆动，同时带动 B 点和 A 点进一步向左移动直到把飞块压到合拢位置为止。从而保证供油齿杆越过全负荷进入发动机启动时的最大供油位置（即启动加浓位置）。发动机启动后，将控制杠杆拉回到怠速位置，发动机便怠速运转。

②怠速稳定。发动机怠速运转时，控制杠杆在怠速位置Ⅱ。此时飞块 1 的离心力使滑套右移而压缩怠速弹簧，当飞块离心力与怠速弹簧和启动弹簧的合力平衡时，供油齿杆便保持在某一位置，发动机就在相应的转速下稳定运转。若此时转速降低，飞块离心力随之减小，滑套便在怠速弹簧和启动弹簧作用下左移，使导动杠杆顺时针摆动，带动 B 点使浮动杠杆绕 C 点逆时针转动，通过连接杆推动供油齿杆左移，增加了供油量，使发动机转速回升。反之，若发动机转速升高，则供油量减小，发动机转速下降。

③正常工作的供油调节。当发动机在正常工作转速范围工作时，控制杠杆处于Ⅰ和Ⅱ之间的部分负荷位置Ⅲ，因此，发动机转速超过怠速，所以怠速弹簧被完全压入拉力杆下部的孔内。由于拉力杆被很强的调速弹簧拉住，在转速低于最大工作转速的情况下，飞块的离心力不足以推动拉力杆，拉力杆始终紧靠在齿杆行程调整螺栓上，因而，支点 B 也不会移动，此时调速器不起作用。只有驾驶员改变控制杠杆的位置时，才可使供油齿杆向左

或向右移动，从而增加或减少供油量。

④最高转速限制。不管发动机是在部分负荷工作还是全负荷工作，只要是由于外界负荷变化引起发动机转速超过规定的最大转速时，飞块离心力就能克服调速弹簧的拉力，使飞块进一步张开。从而推动滑套和拉力杆右移，即支点从 B 点移到 B' 点，拉力杆从 D 点移到 D' 点，浮动杠杆的下支点从 C 点移到 C' 点。结果供油齿杆向右移动，供油量减少，保证了发动机转速不会超过规定的最大值。

3. 喷油器的作用是将喷油泵送来的高压柴油以一定的射程和分布面积，并以雾状形式喷入燃烧室，以利于可燃混合气的形成和燃烧。

对喷油器的要求主要包括：应有一定的喷射压力；喷出的雾状油束特性要有足够的射程、合适的喷注锥角和良好的雾化质量；喷油器喷、停应迅速及时，不发生滴漏现象。

4. 喷油泵的作用是将输油泵送来的柴油，根据发动机不同的工况要求，按规定的工作顺序，定时、定量、定压地向喷油器输送高压柴油。

对喷油泵的要求如下：

1）各缸供油次序要符合发动机工作次序，严格按照规定的供油时刻供油，并保证一定的供油持续时间。

2）根据柴油机不同工况负荷要求，供给相应的每循环供油量。

3）向喷油器供给的柴油应具有足够的压力，以获得良好的喷雾质量。

4）要求各缸的相对供油时刻、供油量和供油压力等参数要一致。各缸供油不均匀度在标定工况下不大于4%，各缸供油提前角相差不大于0.5°。

5）供油开始和结束要求迅速、干脆，避免喷油器产生滴漏或不正常喷射现象。

5. 结构组成：由涡轮、涡轮壳、喷嘴环、转子轴、压气机叶轮、扩压器、压气机壳等组成。

工作原理：将排气管接到增压器的涡轮壳上，柴油机排出的具有一定压力的高温废气经涡轮壳进入喷嘴环，由于喷嘴环的通道面积做成由大到小的喇叭口形，使废气的压力和温度降低，但速度却迅速提高，并按一定方向冲击涡轮，使涡轮高速旋转。废气的压力、温度和速度越高，涡轮转速也越高。通过涡轮的废气再经过排气管和消声器排入大气。在涡轮转子轴上固装着压气机叶轮，在涡轮旋转时叶轮也以相同的转速旋转，将经滤清器过滤的新鲜空气吸入压气机壳体内。高速旋转的压气机叶轮将空气甩向外缘，使其速度和压力增加，并进入形状为进口小、出口大的扩压器，使空气的速度降低、压力升高，再通过断面由小逐渐变大的环形压气机外壳，使空气压力继续升高。高压空气流经进气管进入气缸，提高了发动机的充气系数，加装中间冷却器以降低从压气机出来的空气温度，使充气密度增大，使发动机发出更大的功率。

课题2　电控柴油机燃料供给系

一、填空题

1. 传感器　ECU　执行元件

2. 位置控制式　共轨控制式

3. 发动机负荷

4. 喷油时间　喷油量

5. 油泵　高压输油管　共轨

6. 高压输油泵出油口或共轨上　根据柴油机工况调节和保持共轨管中的压力　闭环控制

7. 燃油箱　检测燃油温度　喷油量

8. 转速

二、判断题

1. √ 2. × 3. √ 4. ×

三、简答题

1.（1）燃油喷射控制。

（2）怠速控制。

（3）进气控制。

（4）增压控制。

（5）排放控制。

（6）起动控制。

（7）巡航控制。

（8）故障自诊断和失效保护。

（9）柴油机与自动变速器的综合控制。

2. 由 ECU 根据曲轴位置传感器和泵角传感器的信号来计算确定，并由点火正时传感器的信号加以修正，ECU 输出控制指令，驱动正时控制阀，从而控制正时活塞的位置，来实现对喷油提前角的控制。

3.（1）从发动机上拆下传感器。

（2）用万用表分别测量传感器两端子与传感器壳体之间的电阻，其电阻值应为无穷大。

（3）将燃油温度传感器和温度计放入盛水的容器中，加热容器中的水，用万用表测量传感器两端子之间的电阻，其阻值随温度变化的规律应符合特性曲线相应温度下的电阻值。

单元六　润滑系和冷却系

课题1　润　滑　系

一、填空题

1. 压力　温度　连续不断地　循环　油膜　液体摩擦　减小　降低　减轻　可靠性　耐久性

2. 压力　飞溅

3. 油底壳　机油泵　限压阀　机油滤清器　机油散热器　传感器

4. 齿轮式　转子式

5. 限制机油压力过高　柱塞（钢球）　弹簧　螺塞

6. 杂质堵塞　0.15 ~0.18 MPa　直接　润滑

7. 金属磨屑及胶质　清洁　使用期限　正常

8. 过滤式　离心式

9. 浮式　固定式

10. 混合气　废气　新鲜空气　对流　自然　强制

二、判断题

1. ×　2. ×　3. √　4. √　5. ×　6. √　7. √　8. √　9. √　10. √　11. ×　12. ×

三、选择题

1. A　2. C　3. B　4. A　5. A　6. B　7. C　8. C

四、简答题

1. 在发动机的带动下机油泵工作，从油底壳内吸入机油，机油先经滤油网过滤，去除较大的杂质；经机油泵增压后，一路经油道润滑正时链条张紧装置和链条，另一路进入机油滤清器，经过滤清后的干净机油进入主油道。主油道内的机油分为两路，一路润滑曲轴轴颈、连杆轴颈及活塞和气缸，另一路润滑凸轮轴承、摇臂轴，供给液压挺杆来自动调节气门间隙，并润滑挺杆、摇臂、气门杆等。机油泵的稳压装置也叫限压阀。当油泵压力超过时，限压阀开始工作，以保证润滑系压力稳定。压力表或红色指示灯组成的指示装置可以直接显示主油道的压力。

2. 当发动机工作时，主动齿轮随驱动轴一起转动并带动从动齿轮以相同的方向旋转。内、外齿轮在转到进油口处时开始逐渐脱离啮合，并沿旋转方向两者形成的空间逐渐增大，产生一定的真空度，将机油从进油口吸入。随着齿轮的继续旋转，月牙块将内、外齿轮隔开，齿轮旋转时把齿间所存的机油带往出油口。在靠近出油口处，内、外齿轮的轮齿进入啮合，齿间的机油被挤出，油压升高，机油从机油泵的出油口被送往发动机油道中。

3. （1）拆下集滤器罩盖（或卡簧），取下滤网，把油管、浮子筒、滤网、罩盖（或卡簧）等放在金属清洗剂、煤油、汽油或轻柴油中，用硬毛刷子清洗干净，并用压缩空气吹干。

（2）滤网破损后，可用单位面积上孔数相同的新滤网进行更换。

（3）检查集滤器浮子筒，如有裂纹、穿孔及浮子筒凹进太多或筒内有油污（检查时，可用手握住浮子筒贴近耳边摇动，若听到浮子内有晃动声说明有机油漏入），需拆开修理或清洗后再焊修。

（4）活动管接头损坏泄漏后，可通过研磨接头予以修复，保证配合密封、活动自如。

（5）组装时，滤网的夹脚要夹牢，或使卡簧牢固卡紧在集滤器浮子筒内，以免滤网受振动脱落；接口及限制架的位置不要装错。

（6）集滤器与机油泵组装时，应更换新的 O 形胶圈（如 CA488、DA462 等型号发动机的机油集滤器），来保证接口处的密封性。

4.（1）故障现象

①发动机工作时，排气管冒蓝烟。

②发动机的机油消耗量超过 0.1～0.5 L/100 km（桑塔纳超过 0.15 L/100 km）。

③发动机和空气压缩机有渗漏处。

（2）故障原因

①气缸盖、气缸体、气缸盖罩不平或有损伤。

②油压过高。

③各密封衬垫有损坏或螺栓松动而导致渗漏。

④发动机前后油封磨损、损坏。

⑤活塞、活塞环及气缸壁磨损过度。

⑥曲轴箱通风不良，造成曲轴箱内压力过高。

⑦空气压缩机及管道接头等处有漏油现象。

（3）故障诊断与排除

①检查各油封及衬垫处有无漏油痕迹，进而检查螺栓是否松动，并紧固螺栓或更换衬垫、油封。

②发动机高速运转时，排气管冒蓝烟，且加机油口处有大量或脉动烟雾冒出，表明活塞环及气缸磨损严重，应解体修理；如仅是排气管冒蓝烟，可能是气门杆与导管磨损过量，应更换。

③拆下油压传感器，装上油压表，检查油道中的机油压力。油压过高时，应检查、调整机油限压阀。

④检查曲轴箱通风管是否堵塞，并视情况修复。

课题2 冷 却 系

一、填空题

1. 适当的温度　过热　过冷

2. 下降　不正常　下降　膨胀变形　加剧　变质　变稀　磨损

3. 空气　水

4. 散热器　储液罐　节温器　水泵　缸体水道　缸盖水道　风扇

5. 上水室　下水室　散热器芯

6. 98 kPa　120℃

7. 温度的高低　循环　散热　合适的温度

8. 对冷却水加压　循环流动　冷却可靠

9. 泵壳　泵盖　叶轮　水泵轴　轴承　带轮　水封

10. 硅油式　电磁式　气动式离合器　硅油式离合器

二、判断题

1. √　2. √　3. ×　4. √　5. √

三、选择题

1. A　2. C　3. B　4. C　5. B

四、简答题

1. 发动机水冷却系的工作原理是通过水泵将冷却液从机外吸入并加压，使之经分水管流入发动机水套。在此冷却液从气缸壁吸收热量，水温升高，流入气缸盖的水套，继续吸收热量，受热升温后的冷却液沿出水管流到散热器内。汽车在行驶时，外部气流由前向后高速从散热器中通过，散热器后部有风扇的强力抽吸。因而，受热后的冷却液在自上到下流经散热器的过程中，其热量不断散失到大气中去，从而得到了冷却。冷却液流到散热器的底部后，又在水泵的作用下，再次流向气缸体、气缸盖水套。如此不断地往复循环，使发动机在高温条件下工作的零件得到适宜的冷却。

2.（1）在发动机冷态时，打开散热器盖，向散热器添加推荐使用的冷却液至规定的位置。

（2）连接散热器压力检测器，推动检测器推杆，使检测器上的压力表上升至 93 ~ 123 kPa。

（3）观察压力表下降情况，视情况检查冷却液渗漏部位并做好记号，以便焊修。如散热器芯管破损较多，则应更换散热器。

（4）检查冷却液中是否有机油以及机油中是否有冷却液，以判定是否存在内漏。

（5）拆下检测器重新装回散热器盖。

单元七　发动机总装与检测

课题 1　发动机总成装配及竣工验收

一、填空题

1. “自下而上”　“由内向外”　“先主后附”

2. 漏装现象　曲轴后端　3　60 N · m　90°

3. 冷磨　热试　修理　装配　表面粗糙度

4. 400 ~ 600 r/min　200 ~ 400 r/min　1 000 ~ 1 200 r/min　1

二、判断题

1. √ 2. × 3. √ 4. × 5. ×

三、选择题

1. C 2. B 3. D 4. A

四、简答题

1. （1）拧紧螺栓、螺母，应用适合的扳手按一定顺序和力矩拧紧，对称的螺栓应交错分 2 ~ 3 次拧紧。螺栓在螺母拧紧后应露出螺纹不少于 2 牙。对有规定力矩的螺栓、螺母，需用扭矩扳手按规定力矩拧紧。

（2）间隙配合件的零件表面在装合时应涂上润滑油。

（3）过盈配合件装配时应使用压床或专用的压入工具，如需在零件表面施以压力或锤击时，必须垫以软金属块或使用铜冲头。

（4）对有装配记号的零件必须按记号装配。

（5）各部位的密封衬垫和油封必须换用新件。

2. 正时齿带张紧度的调整与张紧轮的固定应按以下方式进行：首先将张紧轮逆时针转动到可以使用专用工具，松开张紧轮直到指针位于缺口下方约 10 mm 处，再旋张紧轮直到指针和缺口重叠，将张紧轮的锁紧螺母以 15 N · m 力矩拧紧。检查张紧度时，用拇指用力压正时齿带，指针应移向一侧。放松正时齿带，张紧轮应回到初始位置。

3. （1）检查各缸工作是否良好，测听发动机内是否有不正常的声响。

（2）测量气缸压力是否符合标准。

（3）热机时，拆卸全部火花塞，从分电器或点火线圈取下高压引线。将气缸压力表紧插于火花塞孔口，读取最高压力值。

逐个检验，检验时节气门应全开。

4.（1）活塞、活塞环和活塞销不允许有金属敲击的异响。

（2）曲轴轴承（瓦）或连杆轴承（瓦）不允许有金属碰击的异响。

（3）正时带与正时齿轮间、气门杆端与摇臂间、机油泵处不允许有明显的异响。

（4）不允许气缸衬垫有漏气的声音。

（5）不允许有其他不正常的声响。

（6）不允许各部分有漏气、漏油、漏水、漏电等现象。

课题2　发动机的检测与诊断

一、填空题

1. 诊断跨接线　测试灯　万用表　气缸压力表
2. 询问　观察
3. 基本怠速　基本点火正时
4. 600 ~ 700 r/min　750 ~ 850 r/min
5. “诊断输入端子”　“接地端子”
6. 数字显示　脉冲电压显示

二、判断题

1. √　2. √　3. √　4. √　5. ×

三、选择题

1. D　2. C

四、简答题

1. 一般的万用表都具备电压、电流、电阻、电容、晶体管、二极管的测试功能，有些万用表在前几个功能的基础上增加了测试转速、频率、温度等功能。常用的测试功能有两项，一是电压的测试，二是电阻的测试。

2.（1）启动发动机，使发动机冷却液温度达到正常工作温度，

（2）变速器操纵杆置于 P/N 挡。

（3）使发动机以怠速状态运转。

（4）用跨接线跨接诊断座中“TE1”和“E1”端子。

（5）连接点火正时灯，检查发动机的基本怠速。正常值在上止点前 8°～12°。

（6）如基本点火提前角不在规定范围，检查节气门是否完全关闭，节气门位置传感器“IDL”与“E2”是否接通，以及发动机配气是否正时。